Fr. Johaentgen

Über das Gesetzbuch des Manu

Fr. Johaentgen

Über das Gesetzbuch des Manu

ISBN/EAN: 9783744606028

Hergestellt in Europa, USA, Kanada, Australien, Japan

Cover: Foto ©Suzi / pixelio.de

Weitere Bücher finden Sie auf **www.hansebooks.com**

ÜBER

DAS GESETZBUCH DES MANU.

EINE PHILOSOPHISCH - LITTERATURHISTORISCHE
STUDIE

VON

Dr. **FR. JOHAENTGEN.**

BERLIN.
FERD. DÜMMLER'S VERLAGSBUCHHANDLUNG.
HARRWITZ UND GOSSMANN.
1863.

nen wir nur auf Rechnung einer alten Tradition setzen, deren Ansehen Jahrhunderten indischer Entwicklung getrotzt hat.

Die gelehrten Legisten aber, der Scylla des orthodoxen Rigorismus entflohen, verfallen alsbald der Charybdis des starren Schematismus. Absolute Kritiklosigkeit, der insbesondere der Begriff einer historischen Entwicklung unzugänglich war, verführte Medhâtithi und seine Nachfolger — selbst den von Sir W. Jones so hochgepriesenen Kullûka — zu dem natürlich erfolglosen Versuche, die philosophischen Anfänge, wie dieselben in dem Gesetzbuche vorliegen, der Schablone des ausgebildeten Systems der Sânkhya-Philosophie anzupassen. Die durch dieses Verfahren nothwendig bedingten Verstöfse gegen den Wortsinn und grammatische Konstruktion haben für einen wohlgeschulten Mîmânsisten durchaus nichts Anstöfsiges.

Die Absurdität aber, welche viele dieser Erklärungen kennzeichnet, veranlafste in neuerer Zeit dazu, den Gedanken, der einem solchen Verfahren zu Grunde lag, als einen prinzipiell falschen anzusehen, d. h. das Kind mit dem Bade auszuschütten. Die Versuchung war um so gröfser, als gerade das erste Buch des Manu viele Vorstellungen enthält, welche mit der Sânkhya-Philosophie gar nichts gemein haben. Dem gläubigen Inder natürlich, welcher in dem Gesetzbuch des Manu ein heiliges, unantastbares Werk, den Inbegriff guter Sitte und uralten Rechtes verehrte, durfte es nicht einfallen, an der Einheit des Werkes zu rütteln und den kompilatorischen Charakter desselben, welcher auch dem blödesten Auge nicht entgehen kann, anzuerkennen. Was für den Inder eine Sünde wäre, welche er durch Tausende von Wiedergeburten in den Leibern niedriger Thiere büfsen müfste, ist für den kritischen Forscher unerläfsliche Pflicht. Ich habe daher das philosophische und kosmogonische Material gesichtet, alle Vor-

Die Arbeit, welche ich in Folgendem den Kennern des indischen Alterthums vorlege, geht von der Untersuchung aus über das Verhältnifs der in dem sogenannten „Gesetzbuch des Manu" enthaltenen philosophischen Anschauungen zu dem System der Sânkhya-Philosophie, welches den Namen des Kapila trägt. Der ausgezeichnete Kenner indischen Rechtes wie indischer Philosophie, H. F. Colebrooke hatte bereits im Allgemeinen auf solche Beziehungen aufmerksam gemacht (Essays on the Religion and Philosophy of the Hindus. Leipz. 1858 p. 149, 224). Selbst die gelehrten einheimischen Kommentatoren des Gesetzbuches, Medhâtithi, Kullûka, Râghavânanda (eine Kopie des ersteren befindet sich in der Handschriftensammlung der Königl. Bibliothek in Berlin; ein Manuskript des von Loiseleur nur sehr wenig benutzten Kommentars des Râghavananda ist in der kaiserl. Bibl. in Paris: Manusc. Devan. 49 fond Anquet. 16), welche ohne Zweifel nach dem zehnten Jahrhundert n. Chr. lebten, sämmtlich Anhänger der Mîmânsâ-Philosophie, wandten sich zu dem Zwecke der Erklärung der philosophischen Anschauungen des Mânava-Werkes an das heterodoxe System des Kapila — eine Thatsache, welche um so bedeutungsvoller erscheinen mufs, als die orthodoxen Gelehrten des Mittelalters Meister in der Kunst sind, ihren Ansichten widersprechende Textstellen als nur scheinbar abweichend zu interpretiren. Dafs die Kommentatoren in diesem Falle anders verfahren, kön-

stellungen, welche auf frühere oder spätere spezifisch bráhmanische Ansichten hinweisen, bei Seite gelassen, den he-
terogenen Rest endlich weniger mit den ausgebildeten Formen als mit den Prinzipien und leitenden Ideen der Sânkhya-Philosophie in Vergleich gestellt. Zugleich aber war
es unerläfslich, auf die Ansichten des Kapila einzugehen
und einen Abrifs des philosophischen Systems zu geben,
da es nur auf diesem Wege gelingen konnte zu zeigen,
dafs die Anschauungen des Gesetzbuches zu der Sânkhya
des Kapila sich verhalten wie der Keim zu dem Baume.
Vielleicht sind diese Ausführungen auch für die Kenntnifs der Entwicklung der Sânkhya-Philosophie nicht ohne
Werth.

Dafs ich auf die Widerlegung der einheimischen Kommentatoren so wenig als möglich eingegangen bin, wird
mir hoffentlich Niemand zum Vorwurf machen. Ich will
nicht leugnen, dafs die Werke des Medhàtithi u. s. w. sehr
reichhaltiges Material für die Kenntnifs des indischen Alterthums enthalten; die Verfasser aber sind Juristen, welche von den philosophischen Lehren wenig mehr als ihre
eigenen Ansichten kennen. Dieser und der oben angeführte Umstand hat mich bestimmt, den Raum nicht mit
Diskussionen auszufüllen, die kein anderes Resultat haben
konnten, als die Kritiklosigkeit der Kommentatoren ins
Licht zu setzen. Je mehr Gewicht ich auf den Grundgedanken derselben, d. h. auf die Existenz eines prinzi-
piellen Zusammenhangs zwischen dem Gesetzbuche und
der Sânkhya lege, um so weniger sah ich mich veranlafst,
alle schiefen und falschen Erklärungen als solche nachzuweisen.

Indem ich die Hoffnung ausspreche, dafs es mir ge-
lungen, das Verhältnifs des Gesetzbuches zu der indischen Philosophie, welches bis jetzt als offene Frage behandelt wurde, mit hinlänglicher Bestimmtheit festzustel-

len, kann ich nicht umhin, an dieser Stelle meinem verehrten Lehrer, Herrn Professor Ch. Lassen — welcher mich auf diesen, nach der Vorrede zu dem Gymnosophista p. XII einer späteren Untersuchung vorbehaltenen Gegenstand aufmerksam machte — meinen aufrichtigen Dank zu sagen.

Im Anschlusse an die philosophische Untersuchung habe ich alsdann versucht, die litterarische und historische Stellung des Gesetzbuches näher zu präzisiren und die Frage nach den Quellen des Werkes zu beantworten. Wie viel ich in dieser Beziehung den ausgezeichneten Arbeiten über indische Litteratur und Geschichte der Lassen, Weber, M. Müller, Roth, Stenzler, Westergaard und Burnouf verdanke, bedarf keines Hinweises.

Wer irgend mit indischer Litteratur vertraut ist, kennt die Schwierigkeiten, welche sich dem Versuche entgegenstellen, die Erzeugnisse des indischen Geistes in einen historischen Zusammenhang zu bringen. Ich stimme vollständig Prof. A. Weber bei, wenn er (Akademische Vorlesungen über indische Litteratur p. 6) sagt: „Im Uebrigen ist nur eine innere Chronologie möglich, die sich theils auf den Charakter der Werke, theils auf die darin sich findenden Citate u. s. w. gründet." Um diese innere Chronologie zu ermöglichen, ist es vor Allem nöthig, das Verhältniß der einzelnen Werke zu einander festzustellen. Ob ich eine glückliche Wahl getroffen, indem ich das Mânava-Gesetzbuch als Ausgangspunkt eines dahin zielenden Versuches nahm, ob die Konsequenzen, welche ich aus dem Inhalte und dem Charakter des Werkes gezogen habe, haltbar und fruchtbringend sind für die Kenntniß der Entwicklung, welche die indische Welt verfolgt hat, mögen die Kundigen beurtheilen.

Bei der überaus wichtigen Stellung aber, welche das

Mânava - Gesetzbuch als Kanon des religiösen, sozialen und politischen Lebens des indischen Volkes seit mehr als 2000 Jahren behauptet hat, scheinen mir die Untersuchungen über die Sphäre, in welcher das Werk entstanden ist, doppelt wichtig. Ich kann nicht umhin, hier an den Ausspruch Stenzler's, des gründlichsten Kenners der indischen Rechtslitteratur zu erinnern: „Manu's gesetzbuch hat, trotz der mehrfachen bearbeitungen, doch seinem wichtigsten inhalte nach bis jetzt lange nicht die berücksichtigung erfahren, welche es verdient. .... ich hoffe, dafs die durch vergleichung beider gesetzbücher hervortretende geschichtliche bewegung nicht nur der gesetzlitteratur überhaupt gröfsere aufmerksamkeit zuwenden, sondern auch den wunsch erregen wird, die fäden aufzufinden, welche diesen zweig der litteratur mit der ältesten zeit verbinden." (Vorr. zu Yâjn.'s Gesetzbuch p. XII.)

Es giebt vielleicht keine andere Litteratur, welche in gleich exklusivem und gleich unhistorischem Geiste eine Um- und Ueberarbeitung von solcher Tragweite erlitten hat, als die indische durch die Brâhmanen. Je unbestrittener aber die Wichtigkeit der indischen Litteratur ist, um so dringender ist das Bedürfnifs, den absichtlich oder unabsichtlich zerschnittenen historischen Faden wiederanzuknüpfen und die einzelnen Thatsachen wieder in eine wenigstens annähernd richtige Perspektive zu stellen. Zur Lösung dieses Problems beizutragen, ist diese Arbeit ein erster Versuch.

Ich glaube, in Folge solcher Untersuchungen wird auch eine gerechtere und anerkennendere Beurtheilung des indischen Geistes in jenen Jahrhunderten Eingang finden, da er schöpferisch in Religion, Philosophie, Wissenschaft und Kunst wirkte.

Jene geistige Korruption des Brâhmanenthums — welche nach und nach aus den priesterlichen Kreisen

in die untersten Schichten des Volkes eindrang — für
welche es keine Gränzen der Begriffe, keine Gränze für
Zeit und Raum mehr giebt, da die maaßloseste Phantasie
an die Stelle des logischen Gedankens, die ausschweifendste
Selbstquälerei an die Stelle der Tugend tritt, der Paroxis-
mus jener idealistischen (Vedânta-) Philosophie, in der Alles Nichts und das Eine — der bewußte Geist — Alles
ist — alles das sind Erscheinungen, welche einer sehr späten Periode indischer Entwicklung angehören. Natürlich,
wenn man eine solche geistige Verwirrung an den Anfang
der klassischen Zeit des indischen Alterthums anstatt an
das Ende derselben setzt, wenn man konsequenter Maßen
die Ausschweifungen theologischer Spekulation und prie-
sterlicher Asketik als den Inbegriff des geistigen Lebens der
Nation auffaßt, dann ist es nicht zu verwundern, daß das
Bild sich trübt und der befangene Blick nicht mehr unterscheidet zwischen dem später aufgetragenen Firniß und
dem ursprünglichen Bilde, welches uns ein geistig und
körperlich kräftiges und gesundes Volk zeigt, dessen in-
tellektuelle Befähigung in dem grammatischen System des
Pâṇini und in den philosophischen Werken der Sâṅkhya,
der Atomistik u. s. w. sich offenbart hat.

Es ist ganz besonders die indische Philosophie,
deren Bedeutsamkeit durch jene falsche Auffassung ver-
dunkelt wird. Die Philosopheme der Inder — ebenso wie
die der Griechen bis auf Aristoteles — haben den un-
verkennbaren Werth für die Geschichte der Philosophie
(und die Philosophie der Geschichte?), daß sie den Ent-
wicklungsgang des menschlichen Geistes von der unbe-
wußten Anschauung bis zu dem bewußten Denken in vollständig übersehbarer und formell greifbarer Weise darstel-
len. Von diesem Gesichtspunkte aus ist jede philosophische Entwicklung von objektivem Werthe, welche einen
kontinuirlichen Fortschritt — ich sage nicht, verfolgt, weil

die Entwicklung des menschlichen Geistes immer konti-
nuirlich fortschreitet, sondern — deutlich und in charakteristischen Formen erkennen läſst. Die indische Philosophie hat aber der griechischen gegenüber den groſsen
Vorzug, daſs wir der Mühe und der Gefahr des Irrthums
überhoben werden, dem wir ausgesetzt sind, wenn wir aus
mehr oder weniger abgerissenen Bruchstücken und aus den
den Nachrichten, welche spätere, nicht immer zuverlässige
Schriftsteller mittheilen, eine Rekonstruktion der Systeme
versuchen müssen, wie das bei der älteren griechischen
Philosophie der Fall ist; die indischen Systeme dagegen
sind uns in umfangreichen und vollständigen Originalwer-
ken erhalten und stehen mit einer sehr ausgedehnten Litteratur in engem Zusammenhang.

Nach meiner Auffassung endlich ist der Buddhismus,
welcher von Anfang an Hand in Hand mit der Sânkhya-
Philosophie geht, durchaus nicht eine „Reaktion gegen den
starr gewordenen Brâhmanismus", wie denselben neuerdings
wieder Prof. Stenzler („Ueber die Wichtigkeit des Sanskrit-
Studiums" p. 9) dargestellt hat; sondern eine Opposition
des gesunden Kernes des Volkes gegen die dro-
hende Uebermacht der Brâhmanen. (Nach der gewöhnlichen Ansicht müſste der Brâhmanismus bereits im
6ten Jahrh. v. Chr. erstarrt gewesen sein.) Daſs das edelste
Erzeugniſs des indischen Geistes, die buddhistische Religion auf indischem Boden unterliegen muſste, um die Völker des ganzen östlichen und nördlichen Asiens zu überwinden, erscheint als ein eigenthümliches Verhängniſs; die
Erklärung dieser Thatsache muſs die nähere Geschichte
des indischen Buddhismus liefern; ich kann aber nicht
umhin, es bereits hier auszusprechen, daſs das entschei-
dende Moment für die Niederlage des Buddhismus nicht
sowohl in der strengen Moral (Weber Vorl. p. 254) zu
suchen ist, als in dem Umstande, daſs der idealistische

Zug, welcher in den letzten Jahrhunderten v. Chr. sich des indischen Volkes bemächtigte, auch den Buddhismus ergriff und seiner ursprünglichen Reinheit abtrünnig machte. Und wenn auch in der Folge der Buddhismus sich tüchtig erwies, rohe Völker zu zähmen, so ist doch nicht zu leugnen, daſs er die Gezähmten entnervte.

Berlin, den 9. August 1863.

Die Umschreibung der Sanskrittexte ergiebt sich aus folgender Tabelle:

Vokale: a â i î u û ṛi ṝî ḷi e ai o au.
Gutturale: k kh g gh ñ.
Palatale: c ch j jh ñ.
Linguale: ṭ ṭh ḍ ḍh ṇ.
Dentale: t th d dh n.
Labiale: p ph b bh m.
Halbvokale: y v r l.
Zischlaute: ç sh s h.

Anusvâra im Inlaute eines einfachen Wortes vor ç sh s h wird durch ṅ, in allen anderen Fällen durch ṃ, Visarga durch ḥ bezeichnet.

Erklärung einiger Abkürzungen.

Bhg. = Bhagavat-Gîta ed. A. Guil. a Schlegel, ed. alt. c. Ch. Lassen. Bonn 1846.

Col. Ess. = Essays on the Religion and Philosophy of the Hindus by H. F. Colebrooke. Leipzig 1858.

Goldst. Pân. = Pâṇini: His place in Sanskrit Literature by Th. Goldstücker. London 1861.

Kap. = The Sânkhya-Pravachana-Bhâshya, a commentary on the Aphorisms of the Hindu Atheistic Philosophy by Vijnâna Bhikshu ed. by Fitz-Edward Hall. M. A. Calcutta 1856 (Bibl. Ind. 94, 97, 141).

Kâr. = Sânkhya-Kârikâ des Îçvarakṛishṇa in: Gymnosophista sive Indicae Philosophiae Documenta c. ed. en. Ch. Lassen. Vol. I. 1. Bonn 1832.

Madh. P. Bh. = Madhusûdanasarasvatikṛitauprasthânabheda veröffentl. von Dr. A. Weber in Indische Studien I. 1 f.

MBh. = Mahâbhârata.

Sarv. Darç. S. (S. D. S.) = Sarvadarśana Saṅgraha or An Epitome of the Different Systems of Indian Philosophy by Mâdhavâchârya edited by Paṇḍita Iśwarachandra Vidyâsâgara, Principal of the Sanskrita College, Calcutta 1858 (Bibl. Ind. 63, 142).

Tat. Sam. = A Lecture on the Sânkhya Philosophy embracing the Text of the Tattwa Samâsa. Mirzapore 1850.

Vâc. = Tattvakaumudî Çrivâcaspatimiçravirâcitâ. Kalikâtâ. Saṃvat 1905.

Ved. Sâ. = Vedânta-Sâra des Sadânanda in Benfey, Chrestomatie aus Sanskritwerken p. 202 f.

West. Zwei Abh. = Ueber den ältesten Zeitraum der Ind. Geschichte und Ueber Buddha's Todesjahr. Zwei Abhandlungen von N. L. Westergaard. Aus dem Dänischen übersetzt. Breslau 1862.

Wils. S. K. = The Sânkhya Kârikâ by Îçvarakṛishṇa, translated by Colebrooke; also the Bhâshya of Gauṛapâda transl. and illust. by H. H. Wilson. Oxford 1837.

Wind. = H. Windischmann, die Philosophie im Fortgange der Weltgeschichte. Bonn 1834.

Wind. Sanc. = Fr. Windischmanni Sancara sive de Theologumenis Vedanticorum. Bonn 1838.

Yâjn. = Yâjnavalkya's Gesetzbuch herausgegeben von Dr. A. F. Stenzler. Berlin 1849.

1. Voraussetzungen des Systems.
Genius und Natur.

Die erste, wahrhaft philosophische That des denkenden Geistes ist die Unterscheidung — und die Anwendung auf die Betrachtung des Universums — der Begriffe von Kraft und Stoff, die Erkenntnifs, dafs der Urgrund der Dinge nicht in dem Gebiete des Sinnlich-Wahrnehmbaren zu suchen sei. ´ Diese Erkenntnifs, freilich der verschiedensten Abstufungen fähig, bezeichnet den Punkt, an welchem angelangt, das Nachdenken über die Bedingungen und das Wesen des Alls aus dem unbestimmten Gebiete kosmogonisch-mythologischer Phantasieen heraustritt.

Die nächste Frage ist: Wie verhalten sich die Begriffe von Kraft und Stoff zu denen von Ursache und Wirkung?

Die unmittelbare Identifizirung der Kraft mit der Ursache, des Stoffes mit der Wirkung ist für den indischen Geist ein unfafsbarer Gedanke. Was nicht ist, kann nicht werden; aus dem Nichtsein kann nicht das Sein hervorgehen [1]. Der Gedanke einer geistigen Schöpfung konnte sich in dem Kreise der Naturanschauung nicht entwickeln. Ist also der Uebergang aus dem Nichtsein in das Sein undenkbar, präexistirt die Wirkung in der Ur-

---

[1] Kap. I. 7ª nâvastuno vastusiddhiḥ. Kâr. 9 asadakaraṇam cf. Wilson S. Kâr. p. 88 ff.

sache, so kann die Weltbildung auf zweierlei Weise erfolgen.

Entweder das ursprünglich Seiende ist ein doppeltes, eine kraftartige (nimittakârana, caussa efficiens) und eine stoffartige Ursache (upâdânakârana, caussa materialis). In diesem Falle kann die Weltbildung auf mechanischem oder auf dynamischem Wege erfolgen, durch Kombination qualitativ und quantitativ verschiedenartiger Atome oder durch Entfaltung und Umgestaltung (parinâma) der seienden Ursache in Wirkungen, welche an dem Wesen des Seienden partizipiren. Auf dem mechanischen Prozesse beruhen die atomistischen Systeme der Nyâya und Vaiçeshika, auf dem dynamischen die Sânkhya-Systeme. In den einen wie in den andern ist die realistische Tendenz entschieden vorherrschend [2]).

Oder aber das ursprüngliche Sein ist ein einfaches, die Einheit von kraft- und stoffartiger Ursache. Mit diesem Satze wäre der oben dem indischen Denken zugetheilte Kreis überschritten, wenn die Vedânta-Philosophie, welche jenen Satz an die Spitze stellt, auch dem Gewirkten reales Sein zuschriebe. Dem ist aber nicht so. Nur jene Welturache ist, alles andere ist nicht. Die Welt der Erscheinungen ist nur eine Modifikation des Seienden, ohne selbstständiges Sein [3]).

Natürlich, je reiner die Vedânta, die sich als das idealistische System den vorhin genannten entgegenstellt, den Kraftbegriff erfaßte, um so stärker wurde die Nöthigung,

---

[2]) Madh. Pr. Bh. 41, Ind. St. I. 28, 479. cf. Zeitschrift d. D. M. G. VI. 7. Die vierfachen, feinsten Atome, nämlich die erd-, wasser-, feuer-, luftartigen beginnen die Welt, mit dem Doppelatom u. s. w. anfangend und endigend mit dem Brahma-Ei. Die (der Form nach) nichtseiende Wirkung entsteht durch die Thätigkeit des Agens: pârthivâpyataijasavâyavîyêçcaturvidhâḥ paramânavo dvyanukâdikramena brahmândaparyantam jagadârabbante | asadeva kâryam kârakavyâpârâdutpadyata'iti prathamastârkikânâm mîmânsakânâm ča. In der Sânkhya aber, fährt Madh. fort, entfaltet sich die zuvor bereits in feiner (übersinnlicher) Form existirende Wirkung durch die Thätigkeit ihrer Ursache. pûrvam api sûkshmarûpena sadeva kâryam kâranavyâpârenâbhivyajate. Kâr. 9 satkâryam. Sarv. Darç. S. p. 149 sataḥ sajjâyate.

[3]) Ved. sâ. 10 brahmaiva nityam vastu tato'nyadakhilamanityamîti vivecanam. S. D. S. p. 149 sato vivartaḥ kâryajâtam na vastu saditi.

die Kraft als das einzig Seiende, die Welt der Erscheinungen als eine Täuschung der Sinne aufzufassen [4]).

Andrerseits je fester die Sànkhya an dem Satze hielt,
daſs den 25 Prinzipien reale Existenz zukomme, um so
weniger vermochte sie bei der ursprünglichen Auffassung,
der Einheit der kraftartigen Ursache stehen zu bleiben; sie
löste jene Einheit in eine ursprüngliche Vielheit von Seelen, gleichsam kraftartiger Atome auf. Mit jener, der realistischen Sànkhya, stehen die spätern materialistischen Systeme in engem Zusammenhang; diese, die idealistische Vedânta, erhielt im Gegensatze zum Buddhismus — der ja
auf dem Boden der Sânkhya-Philosophie erwachsen war
— das Uebergewicht, nicht gerade zu Gunsten einer gesunden Entwicklung indischen Denkens und Lebens.

„Ich unterscheide, sagt Baron v. Eckstein (Ueber die
Grundlagen der Indischen Philosophie und deren Zusammenhang mit den Philosophemen der westlichen Völker in
Ind. Studien II. 371), in der indischen Philosophie zwischen den Keimen und den spätern Systemen der Kapila, Patañjali, Jaimini, Kaṇâda und Gotama, welches
auch deren nicht genau bestimmtes Alter sein möge." Bei
dem Mangel von thatsächlichen Angaben sind wir in Bezug auf die Keime der Sânkhya-Philosophie auf
Vermuthungen und Analogieen beschränkt; der Hinweisung auf die Ionische Naturphilosophie, die sich wesentlich aus kosmogonischen Gebilden entwickelt hat, wird
doch wenigstens der Werth einer zutreffenden Analogie
zugestanden werden. Diese Vermuthung wird nicht wenig
bestärkt durch die Thatsache, daſs in den Purâna's — jenen dem Namen und auch wohl dem ursprünglichen Stoffe
nach „alten", dem vorliegenden Inhalte nach ziemlich jun-
gen episch-mytholgischen Werken, welche den Inhalt des
Mâhabhârata von dem Standpunkte der Vishṇuitischen und
Çivaitischen Sekten reproduziren und ergänzen, (vgl. Lassen

---

[4]) Cf. Col. Ess. p. 242. Madh. l. c. svaprakâçaparamânandâdvitîyam
brahma svamâyâvaçânmithyaiva jagadâkâreṣa kalpate.

Ind. Alt. I. 479) die Kosmogonieen in Verbindung mit philosophischeu Elementen auftreten, deren Zusammenhang mit dem Systeme der Sânkhya, welches den Namen des Kapila trägt, nicht bezweifelt werden kann. Der um die Kenntnifs indischer Philosophie hochverdiente Colebrooke machte zuerst (1823) auf diesen merkwürdigen Umstand aufmerksam, indem er die Existenz einer dritten Schule der Sânkhya-Philosophie — neben der atheistischen des Kapila und der theistischen des Patañjali — der Purânischen Sânkhya (paurânikâ sânkhyâ) behauptete. (Col. Ess. 149.) Diese Schule betrachte Natur (die prakriti des Kapila) als Illusion (mâyâ cf. Bhâg. Pu. II. 5, 24)*), sie setze die beiden andern voraus. Die Kosmogonie, welche sich am Anfange von Manu's Gesetzbuch findet, sei nicht unvereinbar mit der von den Purâna's, insbesondere dem Matsya, Kûrma und Vishnu Purâna überlieferten *).

---

*) Vijn. zu Kap. V. 72 citirt eine çruti Çvetâçv. Up. IV. 10: mâyâm tu prakritim vidyânmâyiyam tu maheçvaram | asyâvayavabhûtaistu vyâptam sarvamidam jagat.

⁶) Was das Matsya betrifft, so findet sich in demselben nach der Angabe Kellgren's (Mythus de ovo Mundano p. 55) die Verse 5—8 aus dem Mânava-Text fast wörtlich wieder; darauf folgt der Mythus von dem Weltei in einer Fassung, welche im Wesentlichen mit M. I. 9—13 übereinsimmt, aber mit dem Unterschiede, dafs die physikalische Seite des Mythus stärker hervortritt, in ähnlicher Weise wie die von Weber (Ind. Stud. 1. 260) aus der Chândogya Upanishad citirte. Die älteste Darstellung dieses Mythus in einfachster und doch philosophischer Form scheint in der Hymne Rig-Veda X. 129 vorzuliegen.

Das Matsya aber enthält nach Kellgren, der leider nur die lateinische Uebersetzung der betreffenden Stellen anführt, zu urtheilen, keine Spur von den philosophischen Elementen, die sich in M. I. 14—19 vorfinden. Und dadurch unterscheidet sich dasselbe wesentlich von dem Mânava-Werk sowohl, wie von den Vishnu, Vâyu, Bhâgavata, Linga und Kûrma-Purâna. Die Stellen bei Kellgren p. 45 ff. zeigen nämlich eine enge Verbindung der beiden Vorstellungen, welche im Mânava-Werke ohne innern Zusammenhang neben einander gestellt sind, von denen die erste den Mythus vom Weltei (v. 9 —18), die zweite die Darstellung der Weltbildung (v. 14—19) nach den Prinzipien der Sânkhya enthält. Die genannten Purâna's beginnen meist damit, die Entfaltung der 25 Prinzipien bis zu den Elementen herab darzustellen. Da aber diese Prinzipien unvermischt und unverbunden und als solche unfähig seien zu schaffen, so vereinigen sie sich mittelst der Energie (çakti) der Urkraft zu dem Weltei. Aus dem Weltei erfolgt alsdann die Weltschöpfung in allgemein übereinstimmender Weise. Es ist also offenbar, dafs zu der Zeit, als diese Kosmogonieen entstanden, die Sânkhya-Philosophie bereits vollständig entwickelt war, und zwar in derselben Form, welche wir in den

Der Grundgedanke der Philosophie des Kapila ist die
Existenz einer ewigen kraftartigen und einer ewigen stoffartigen Ursache, eines männlichen Geistes und einer
weiblichen Natur. Eckstein a. a. O. p. 373 ⁷).
In der Periode der Weltschöpfung findet eine Gebun-

Sûtra's des Kapila und in dem Gedichte ,des Îçvarakṛishṇa vorfinden. Dieser
Umstand allein beweist das höhere Alter der Darstellung in dem Mânava-
Gesetzbuche. Ich gedenke ein anderes Mal mit genauerer Kenntnifs der Purâṇa's auf diesen Punkt zurückzukommen. Cf. Wilson, The Vishṇu Purâṇa
p. 12, 13, 18, 19. Vâyu P. IV, 1 gegen Ende; Burnouf Le Bhagavata-Pu-
râṇa liv. II. chap. I. v. 2339. chap. V. v. 2159. Liṅga Purâṇa IV gegen
Ende, Kûrma-P. IV. 33 fg. u. IX. v. 37—39; endlich Matsya II. 25 fg.
    Nach Madhusûdana's Angabe (Ind. Stud. I. 23. 1. 15) gehört der My-
thus von dem Weltei den Nyâya- und Mîmâṅsa-Systemen an; doch bezieht
sich die betreffende Stelle wohl nur auf die Bildung des Welt- oder Brahma-
Ei's aus Atomen. In den Sânkhya-Lehrbüchern habe ich den Mythus nicht
gefunden.
    Wenn Lassen, Vorrede zu Gymno. p. XI., das Gesetzbuch des Manu un-
ter denjenigen Werken nennt, deren Lehre mit einer bestimmten philologi-
schen Schule (d. h. einem der sechs Systeme) nicht in Einklang zu bringen
sei (qui doctrinam profitentur ad certam quandam scholam non accommodan-
dam), so erkenne ich ebensowohl die Richtigkeit dieser Behauptung an als
die des Vorwurfes, den L. dem Kullûka macht, er habe, auf die Uebereinstimmung einiger Ausdrücke gestützt, die im Anfange des Gesetzbuches ausgesprochenen Ideen verdreht. Was ich behaupte, ist, dafs das Gesetzbuch
von Anschauungen ausgeht, welche die Keime des Sânkhya-Systems enthalten.
    ⁷) Kap. V. 72 prakṛitipurushayoranyatsarvam anityam. Tat. Sam. 55 citirt
Bhg. XIII. 19 prakṛitim purushaṃcaiva viddhyanâdi. Die Benennungen purusha
Genius, prakṛiti Erzeugerin, sonst auch pradhânam das Erste oder avyaktam das
Unentfaltete deuten auf die rein physische Auffassung der beiden Ursachen als
Mann und Weib hin. purusha ist in der gewöhnlichen Sprache das Wort für
„Mann", wie nara, welches M. VI. 61 cf. I. 10 an der Stelle von purusha
für Seele, âtmà, steht. Auch Amar. Kosh. p. 27. 7 führt âtmâ und purusha
als Synonyma an. Die Etymologie von purusha ist unklar, cf. Burnouf Bhâg.
P. I. p. 174 esprit opposé à la nature; l'esprit qui dort dans la ville du
corps, nach der indischen Ableitung von pura Stadt, Körper und vas woh-
nen. Benfey, Glossar zum Sâma-Veda vergleicht purusha mit mânusha, Manu,
Mensch, und leitet es ab von puru, Eigennamen eines mythischen Stammva-
ters der Menschen. Benfey Voll. Gramm. § 399. Rig-V. VII. 104 v. 15 pû-
rusha. Wilson s. v. puru the name of a king, the sixth of the lunar line.
Lass. J. Alt. I. Anhang XIX Pûru. Rághv. etymologisirt in philosophischem
Sinne, indem er purusha mit pûraṇam das Erfüllende erklärt, also das
Entfaltete, Durchdringende. So Çañkara zu Kâṭhop. III. 11 purushaḥ sarva-
pûraṇât. Cf. Tat. Sam. 35. Das Gesetzbuch gebraucht I. 32, 33 purusha für Mann
im Gegensatze zu nèri; VII. 17 sa râjâ purusho daṇḍaḥ wäre ich versucht zu
übersetzen: „der König ist ein Mann-gewordener Stock", d. h. die personifizirte
Strafgewalt; XII. 122 purusha para gleich paramâtmâ; in I. 11 tadvisṛishṭaḥ
sa purusho loke brahmeti kîrttyate vereinigt purusha die Bedeutung von Mann
und Seele; I. 19 wird purusha merkwürdiger Weise von den sieben entfalteten Grundstoffen (tattva) gesagt: saptânâm purushânâm mahauujasâm.

denheit (bandha) der Natur an den Genius statt. Dieses Verhältnifs ist der Grund alles Uebels; die Lösung desselben (moksha), die Vernichtung aller sinnlichen Existenz nur möglich durch die vollständige Erkenntnifs, welche zu der Unterscheidung der Wirkung d. h. der aus der Natur entfalteten Grundstoffe, der Ursache d. h. der unentfalteten Natur und des Wissenden d. i. des Genius führt [8]).

Das Werkdes Kapila beschäftigt sich (lib. I. 7 sq.) eingehend mit der Frage, welcher Art diese Gebundenheit sei. Sie ist nicht im Wesen des Genius begründet (I. 7. 59. na svabhàvato), sonst wäre sie nicht lösbar, wie Feuer nicht lösbar ist von Hitze. Sie beruht nicht auf einer äufsern Ursache, wie Zeit und Raum (v. 12, 13). Denn diese kommen dem gebundenen gleich wie dem befreiten Genius zu; ebensowenig auf Zuständlichkeiten (v. 14 nàvasthàto. avasthâ bezeichnet sanghàtaviçesharùpatàkhyà deharùpâ Ball. the being in the shape of a sort of association), denn die sind dem Körper eigenthümlich; noch auf den Handlungen (v. 16 aus demselben Grunde). Auch die Natur ist nicht die unmittelbare Ursache der Gebundenheit (v. 18 nibandhana), weil sie oder vielmehr ihr Wirken nicht unabhängig ist (pâratantryam, vgl. dagegen Kàr. 10 svatantram avyaktam). Die eigentliche Ursache der Verbindung des Genius mit der Natur ist der Irrthum (Kap. I. 56, 57. III. 24) d. h. der Mangel der Unterscheidung zwischen Natur und Genius; die Gebundenheit ist also „vox et praeterea nihil" (I. 58 vaṇmâtraṃ na tu tattvaṃ cittasthiteḥ).

„Die Verbindung des Genius mit der Natur ist wie die des Lahmen mit dem Blinden; daher die Schöpfung". Kàr. 21. Aber nicht der Genius ist der Agens, sondern die Natur (Kap. II. 54 purushaḥ na karttà), jener ist eigentlich nur Aufseher und Lenker der Entfaltung (adhishṭàtṛi Kap. I. 96). Indem er sich mit der Natur verbindet, entfaltet diese sich zum ersten Prinzip (dem Vernunftprinzip, mahat sc. tattvam, auch buddhi genannt) und zwar

---

[8]) Kàr. 2. vyaktàvyaktajnavijnânât.

ohne einen Willensakt des Genius. „Gleichwie der Magnet das Eisen anzieht ohne Willensakt (sankalpa), so findet auch die Welterzeugung statt durch den Gott, der reines Sein ist. Defshalb ist der Genius Agens und nicht Agens; dieses, weil er ohne Willen ist, jenes weil er zugegen (in der Nähe) ist" [9]. So ist der Genius Zeuge der Entfaltung (sâkshin Kâr. 19. Kap. I, 61), er, der Genielsende (bhoktṛi Kap. I. 104, 143, VI. 55. Kàr. 17). Ebendasselbe Verhältnifs wie zwischen Genius und Natur im Makrokosmus beobachten wir zwischen der Einzelseele und dem „feinen Körper (lingam Kàr. 40). Ln folgenden Satze sagt Kapila, der Einfluſs der Einzelseele auf die individuellen Produkte d. h. die Körper, bekunde nichts als ein Beherrschen durch die Nähe. [10]. Da Kapila bis dahin immer nur von dem Genius und der Natur gesprochen, so ist der Uebergang zu einer Mehrzahl von Seelen einigermafsen überraschend. Die Natur wird bezeichnet als ohne Ursache, ohne Ende, allgegenwärtig, unwandelbar, einfach, theillos (Kàr. 10. Kap. I. 125); das Gegentheil aller dieser Eigenschaften wird den aus der Natur in ihrer Vereinigung mit dem Genius entfalteten Grundstoffen zugetheilt. Wenn nun Kapila (I. 97, 149 sq. Kàr. 18) von einer ursprünglichen Vielheit von Genien redet, von geistigen Monaden im entschiedenen Gegensatze zu den Vedàntisten, die von einer einzigen, alle Wesen durchdringenden Seele sprechen, so entsteht ein eigenthümliches Dilemma. Gehen wir von einer ursprünglichen Vielheit von Genien aus, so ist es unbegreiflich, wie dieselben mit einem einfachen, untheilbaren Urstoffe in Verbindung treten können; wir müssen also die Vielheit der individuellen Seelen mit der entsprechenden Vielheit von „feinen Körpern" (linga) verbinden; dann aber wird die Entfaltung der Grundstoffe, aus denen diese

<hr />

[9] niriccbe sansthite ratne yathá lohaḥ pravarttate | sattâmâtreṇa devena tathá ceyám jagajjaniḥ ‖ ata àtmani kartṛitvamakartṛitvam ca sañsthitam niricchatvádakartà syàt kartâsannidhimàtrataḥ ‖ Kap. I. 96 n.
[10] Kap. I. 97 viçeshakáryeshvapi jivánàm sc. tatsannidhànàdhishṭátṛitvam. cf. VI. 68 viçishṭasya jivatvam anvayavyatirekàt.

feinen Körper bestehen, zur Unmöglichkeit, da die Bedingung der Weltentwicklung, die Vereinigung des Genius mit der Natur undenkbar ist. Wir werden also zur Annahme gezwungen, daſs die Ansicht von der Existenz einer ursprünglichen Vielheit von Genien einer spätern Ausbildung des Systems zufällt, ohne Zweifel im Gegensatz gegen die Alleinheitslehre der Vedànta; daſs also die Sânkhya ursprünglich den Genius als Allseele auffaſste, die sich erst bei der Bildung der feinen Körper in eine Vielheit von geistigen Monaden auflöste. (Daher auch der Zwiespalt der Kommentatoren. Wils. S. K. p. 48).

Wie oben nachgewiesen, sieht die Sânkhya den Anfang der Schöpfung in der Vereinigung des Genius mit der Natur. Im Momente der Schöpfung findet also ein Ineinandersein von Kraft und Stoff statt. In der mythologisch-poetischen Darstellung konnte dieses Verhältniſs recht wohl in der Art dargestellt werden, daſs die Natur in ihrer primären Form als Körper des Genius erscheint, der im Augenblicke der Schöpfung dieselbe durchdringt. Soll ja auch Thales die Welt als belebtes Wesen aufgefaſst haben (Ritter Gesch. der Philos. I. p. 208. Dagegen Brandis I. 115).

Im Gesetzbuche ist diese Anschauung unverkennbar. Jene Einheit von Kraft und Stoff als Makrokosmus ist gleich dem Einzelwesen als Mikrokosmus den Gesetzen des physischen Daseins unterworfen. Auf anstrengende Thätigkeit folgt wohlthuender Schlaf, in dem sich Geist und Körper gleichsam isoliren. Sinkt das Urwesen in Schlaf, so verschwindet die sinnliche Welt und sinkt in das Dunkel der Weltnacht zurück. „Die Sonne scheidet Tag und Nacht für Menschen und Götter; die Nacht zum Schlafe der Wesen, zum Wirken der Tag." I. 65. „Nachdem Er, dessen Macht unerfaſslich ist, dieses All erschaffen, zog er sich in sich (in sein Selbst, âtmani, Loiseleur übersetzt dans l'âme suprême!) zurück, Zeit durch Zeit, d. h. die Zeit der Schöpfung durch die Zeit der Auflösung verdrängend." „Wann dieser Gott wacht, dann regt sich diese Welt; schläft er mit beruhigter Seele, dann entschlummert auch das All. Wann er in Ruhe schläft, lassen die mit Thätigkeit begabten Bekörperten (Seelen) von ihrem Thun ab und das Herz (manas) versinkt in Abspannung. Wann nun in diesem Gewaltigen (mahâtmani, Jones: in that supreme essence, als stünde paramâtmani) jene Alle aufgelöst sind, dann schläft wohl dieses All thatenlos. So also in Wachen und Schlafen unaufhörlich belebt und ertödtet dieser, der Unvergängliche das All, das Bewegliche und das Unbewegliche." (I. 51, 52, 53, 54, 57.) In diesem Gedankenzusammenhang beginnt Manu den versammelten Weisen die Schöpfungsgeschichte mitzutheilen.

„Dieses All war Finsterniſs geworden, unerkennbar, ohne Merkmal, unbegreiflich, ununterscheidbar, wie ganz in Schlaf gesunken" [11]).

Die Weltnacht war hereingebrochen; die geschaffenen Wesen hatten sich wieder aufgelöst in dem unsichtbaren Weltengrunde [12]). Aber die Zeit der Ruhe, die groſse Nacht vergeht, der Geist ermannt sich wieder. „Der nun, der Schlafende erwacht am Ende dieser Tag- und Nachtzeit"; (M. I. 74 Tag und Nacht, Schöpfung und Auflösung sind als eine Periode gedacht) und indem er sich seines Körpers wieder annimmt, beginnt er von Neuem sein Werk. „Dann offenbarte sich der durch sich selbst Seiende, der Erhabene, indem er dieses, das Unentfaltete entfaltete, der in dem groſsen Wesen u. s. w. Mächtige,

---

[11]) I. 5 âsîdidam tamobhûtamaprajnâtamalakshaṇam | apratarkyamavijneyam prasûptamivasarvataḥ ‖ idam für jagat, wie tat für Gottheit. Kull. citirt zu âsîd die Çruti: tadvedam tarhyavyâkṛitam âsît und Chând. Up. VI. 2, 1 sadeva saumyedam agra âsît. Auch Râgh. betont das idam, denn nâsato vidyate bhâvo nâbhâvo vidyate sataḥ. Tatt. S. § 7 führt tamas als Synonym von avyaktam an; wohl auf ähnliche Stellen gestützt. Vgl. I. 55 tamo'yam tu samâçritya. RV. X. 129, 3.

[12]) pralayakâle zur Zeit der Auflösung, sagt Kull. Nach Medh. zu I. 74 giebt es zwei Auflösungen; die groſse, mahâpralaya, tritt ein, wenn nicht nur die wahrnehmbaren, sondern auch die übersinnlichen Wesen, die Prinzipien, in die Natur zurückkehren M. I. 58; und die untergeordnete, avântarapralaya, worunter die Auflösong der sinnlich-wahrnehmbaren Körper, sthûlaçarîra, verstanden wird, während der Genius in dem feinen Körper, liṅgaçarîra, fortdauert und eine neue, elementare Gestalt annimmt.

10

der die Finsterniſs vertreibt. Dieser, der Uebersinnliche, (alles) Durchdringende, Theillose, Ewige, aller Wesen Ursache, Unbegreifliche, der selbst Erglänzte" [13]).

In unserm Texte folgt v. 8—13 die Darstellung der Schöpfung aus dem Weltei. Einen Zusammenhang zwischen v. 6, 7 und 8 anzugeben, ist unmöglich. Nach v. 6 entfaltet der durch sich selbst Seiende die Welt, das Große, d. h. das Vernunftprinzip und die Folgenden; in v. 8 beginnt die Schöpfung mit der Emanation des Wassers und

---

[13]) I. 6 tataḥ svayambhûr bhagavân avyaktaṃvyañjayannidam | ma hâbhûtâdivṛittaujâḥ prâdurasît tamonudaḥ || 7 yo'sâvatindriyagrâhyaḥ sûkshmo'vyaktaḥ sanâtanaḥ | sarvabhûtamayo'cintyaḥ sa eva svayamudbabhau || svayambhavatîti svayambhûḥ, erklärt Ragh. Vergl. Kâr. 10, 11 ahetumân, svatantra. Unsere Texte haben: avyakto vyañjayannidam. Abgesehen von der Wiederholung des avyakta in v. 7 ist die Lesart, welche Medh. anführt, auch des Sinnes wegen vorzuziehen, nämlich avyaktam. Der ursprünglichen Bedeutung von vi-añj „auseinanderlegen, entfalten" substituiren die Kommentare die sekundäre „sichtbar machen" prakâçayan. Colebrooke übersetzt indiscrete, Lassen incvolutum. Im Text des Kapila findet sich avyaktam nur einmal I. 136 für prakṛiti; avyakta als Bezeichnung des purusha gar nicht. Lass. zu Kâr. 8 verweist auf unsere Stelle und Ramây. ed. Sch. I. 70, 17 avyaktaprabhavo brahmâ. Wir halten um so fester an der ursprünglichen Bedeutung, da ja der Effekt des Entfaltens in prâdurasît und udbabhau hervortritt. mahâbhûtâdi erklärt Medh. durch mahâbhûtâni prithivyâdîni, da erst mit den Elementen das Sinnlich-Wahrnehmbare beginnt. Râgh. erklärt mahâbhûtâdi wie mahadâdi in Kâr. 38, 40, 50. Kap. II. 10. nämlich mahat und die übrigen Prinzipien. Mahat heißt die Buddhi, weil sie mahâbhûtam sei. Ich lese mahâbhûtâdivṛittaujâḥ als ein Wort. Jones und seine Nachfolger verbinden mahâbhûtâdi mit idam und vṛittaujâḥ mit dem Subjekt: making this world discernible, with five elements and other principles, appeared with undiminished glory. Ojas erklärt Medh. durch vîryam; Kull. sagt vṛittam apratihatam | ata eva vṛittisargatâyanexhu (nicht tâpaneshu wie die Ausg. v. 1813) krama ityatra vṛittirapratighâta iti vyâkhyâtañçayâdityena. Çayâditya nämlich, der Verfasser des „Kâçikavṛitti" genannten Kommentars zu Pâniṇi (Boeth. P. II. 53; Col. Misc. Ess. II. 249. Kull. ad M. III. 119) erkläre vṛitti in der Regel Pân. I. 8, 88 durch apratighâta, absence of obstruction (Boeth. apratibandhaḥ). vṛittaujâḥ bedeutet also der mit unbegränzter Macht Begabte. Medh. schreibt mahâbhûtâni ... teshuvṛittam prâptam | tejo vîryam | aṛishṭisâmarthyam yasya sa evam uktaḥ | Eine andere Lesart sei mahâbhûtânuvṛittaujâ iti | anuvṛittam anugatam prâptam iti prâgukta arthaḥ. atîndriyagrâhya ist der durch übersinnliche Fähigkeiten, also durch die Vernunft zu erfassende; Col.: inferrible. Die Conjektur Schlegel's atîndriyâgrâhya scheint mir nicht glücklich. Kull. und Medh. citiren den Bhagavân Vyâsa, nämlich M. Bh. XIV. 279 naivâsau cakshushâ grâhyo nacaçishṭairapindriyaiḥ | manasâ tu prasannena gṛihyate sukshmadarçibhiḥ.

erst im v. 14 finden wir das erste Prinzip, das Mahat oder Manas. Ich lasse also den Mythus von dem Weltei an dieser Stelle aufser Acht, da er auf Anschauungen beruht, welche einer ältern Periode angehören und aller philosophischen Bedeutung baar sind.

2. Die Entwicklung der Grundstoffe.

(tattvasrishṭi.)

Welcher Art ist das Entfaltete? welches ist das Prinzip, welche die Stufen der Entfaltung?

„Es scheint, bemerkt Humboldt (Ueber die unter dem Namen Bhagavadgîta bekannte Episode des Mahâ-Bhârata p. 23), dafs die Indische Philosophie, wo sie einzeln vertheilte Kräfte oder Eigenschaften an Wesen wahrnimmt, den Begriff derselben in seiner Reinheit auffafst, bis zu schrankenloser Allgemeinheit erweitert und nicht bei der Bildung der Begriffe vor dem Geiste stehen bleibt, sondern sie als reale Urstoffe wirklich setzt. Es entsteht alsdann hieraus zweierlei, einerseits dafs diese Grund- oder Urstoffe der Ursprung der einzeln vertheilten Kräfte sind, andrerseits dafs sie in ihrer Reinheit und Unendlichkeit ganz oder theilweise zu der Natur der Gottheit gehören." Ich mufs auf dieses von H. so scharfsinnig aufgedeckte Verfahren des indischen Denkens näher eingehen, will aber gleich hier bemerken, dafs bei dem Dualismus der Sânkhya die in dem letzten Satze enthaltene Behauptung dahin lauten mufs, dafs jene Grundstoffe in ihrer Reinheit durchaus zu der Natur des Urstoffes, des materiellen Weltgrundes gehören.

Das Charakteristische des Sânkhya-Systems zeigt sich in der Verbindung und dem Verhältnisse jener als wirkliche d. h. objektiv seiende (Grund-) Stoffe gesetzten Kräfte oder Eigenschaften zu einander und zu dem Urstoffe.

Das Verhältnifs dieser Stoffe zu einander ist kein

Anderes, als dasjenige, in welchem die Begriffe der entsprechenden Kräfte oder Eigenschaften zu einander stehen.

Je allgemeiner der Begriff, je mehr engere Begriffe demselben untergeordnet sind, um so näher liegt bei der Umsetzung des logischen Verhältnisses in das reale, die Konsequenz, den dem weitern Begriffe entsprechenden Stoff als den ursprünglichen zu setzen gegenüber den den engeren, untergeordneten Begriffen entsprechenden Stoffen. Der allgemeinste Begriff umfaßt alle besonderen; als Urstoff gesetzt, ist er Quelle und mittelbare Ursache aller nachfolgenden. Der Urstoff ist nicht die unmittelbare Ursache aller abgeleiteten; jeder einzelne, vom Urstoffe ab, ist die Ursache des nächsten, je nach dem Verhältniß der der entsprechenden Begriffe. Das Verhältniß des Allgemeinen zum Besonderen wird hier maaßgebend. Je allgemeiner ein Begriff ist, um so weniger modifizirende Bestimmungen kommen ihm zu. Wie also der jedesmal engere Begriff sich ergiebt durch nähere Bestimmung des jedesmal weiteren, so entsteht aus dem dem weiteren Begriffe entsprechenden Stoffe der dem engeren Begriffe entsprechende abgeleitete, bis zu dem engsten, besondersten Begriffe hinab, bis zu dem sinnlich-wahrnehmbaren Einzelwesen.

Die abstrahirende Thätigkeit des denkenden Geistes bedarf nur geringer Anstrengung, um über die Sphäre des Sinnlich-Wahrnehmbaren hinauszugelangen. In dem Forschen nach dem Grunde des Seienden entsteht die Abstraktion der Regel aus den einzelnen Fällen, die Abstraktion des Elementes aus den einzelnen elementaren Erscheinungen. Je vollständiger die Kenntniß der Erscheinungen wird, um so umfassender muß der Grund derselben erkannt werden, gleichwie im logischen Prozeß der Gesammtbegriff um so allgemeiner erfaßt wird, je vollständiger die Reihe der Einzelbegriffe ist. Auf diesem Wege entwickelt sich die Idee eines übersinnlichen Elementes, welche auch in der jonischen Naturphilosopie eine so bedeutende Stelle einnimmt.

Wenn nun der realgesetzte Grundstoff einem Begriffe entspricht, welcher von einer Kraft oder Eigenschaft, die nicht an dem Sinnlich-Wahrnehmbaren haftet, abstrahirt ist, so muſs consequenter Weise jener Grundstoff als ein übersinnlicher gedacht werden. Da aber der Begriff nicht als solcher, sondern als realer Grundstoff gesetzt wird, derselbe also die beiden Forderungen des sinnlich nicht Wahrnehmbaren und des materiell Wirklichen erfüllen muſs — so entwickelte die indische Philosophie die Idee der „feinen" Stoffe (sûkshmabhûta), welche, wenngleich nicht an die Gesetze der sinnlichen Wahrnehmung gebunden, je nach der Höhe der Abstraktion mehr oder weniger den Bestimmungen der Körperwelt unterliegen [14]).

Je weiter die Abstraktion fortschreitet, je allgemeiner der Begriff erfaſst wird, um so feiner ist der demselben entsprechende Grundstoff; daher das Selbstbewuſstsein feiner als die Urelemente; die Vernunft feiner als das Selbstbewuſstsein; die Natur feiner als die Vernunft.

Der allgemeinste Begriff, als Urstoff gesetzt, ist die Quelle, die Ursache aller Grundstoffe und deren Produkte. Der Urstoff ist zugleich die feinste Substanz. Folglich wird das Feinste als Ursache des weniger Feinen gesetzt, von der Natur an bis zum Sinnlich-Wahrnehmbaren. Die Stufen dieser Entfaltung (Verdichtung) sind folgende: Natur, Vernunftprinzip, Selbstbewuſstsein; daraus die fünf Urelemente und die eilf Sinne; aus den fünf Urelementen die fünf Elemente. (Kâr. 22. Kap. I. 61.)

Wie das Entstehen Entfaltung aus den Urstoffen heraus, so ist das Vergehen Auflösung in dieselben. (Kap. I. 121. Kâr. 45.)

Daſs das Prinzip der Entwicklung, das Uebergehen

---

[14]) Kâr. 10. „Das Entfaltete ist Werkzeug, nicht ewig, nicht durchdringend (wie der Genius und die Natur, die überall gegenwärtig), veränderlich, vielfach, bedingt, der Auflösung unterworfen, theilbar, von einem Andern abhängig; das Unentfaltete ist das Gegentheil." Also an Ort und Zeit gebunden ist das Entfaltete dennoch der Sinneswahrnehmung unzugänglich, Kâr. 8 und nur mittelst Schluſsfolgerung läſst sich der Beweis für die Existenz der Grundstoffe führen. Kap. I. 60 sq.

des Allgemeinen in das Besondere, das Hervortreten des
Entfalteten aus dem Unentfalteten, des Sichtbaren aus dem
Unsichtbaren, des Bestimmten aus dem Unbestimmten sich
in der Darstellung des Gesetzbuches wiederfindet, ergiebt
sich bereits aus der oben besprochenen Stelle, wo es heifst:
„das Unentfaltete entfaltend." In v. 19 wird auch formell
das Prinzip aufgestellt: „aus dem Unvergänglichen
entsteht das Vergängliche." In v. 19 und 27 wiederholt sich fast mit denselben Worten der Ausspruch:
„Mittelst der feinen Formtheile entsteht Dieses", d. h.
das All.

Das Prinzip der Entfaltung im Gesetzbuche und in
dem System der Sânkhya-Philosophie ist also thatsächlich
dasselbe. Ist aber unsere Behauptung begründet, im Gesetzbuche sei nicht das ausgebildete, fertige System vorhanden, sondern die Keime desselben, so müssen wir a
priori annehmen, dafs sich der Unterschied zwischen dem
Gesetzbuche und dem System des Kapila gerade in der
gröfsern oder geringern Vollständigkeit der Stufen jener
Entwicklung offenbare. Die Klassifikation der Erscheinungen, die Wahrnehmung der den Einzelnen gemeinsamen
Eigenschaften und Thätigkeiten, kann nicht mit Einem Male
vollendet sein; die definitive Feststellung der 25 Prinzipien,
an deren Unterscheidung sich der denkende Geist bethä-
tigen soll, gehört naturgemäfs einer Periode an, in welcher die Entwicklungsfähigkeit des Systems erschöpft war
und ein Abschlufs der Forschungen sich als nöthig her-
ausstellte, theils zur Fortpflanzung der Lehre im Unter-
richte, theils zur Vertheidigung gegen Andersdenkende.
(Das ganze fünfte Buch der Sûtra des Kapila ist polemisch gegen die andern Schulen.) Eine Geschichte der
Sânkhya-Philosophie — wenn eine solche möglich sein
wird — würde gerade an der allmähligen Entwicklung
und Feststellung der 25 Prinzipien einen sichern Anhalt
finden.

Dafs das Gesetzbuch — insbesondere in den nicht
auf die Rechtslehre als solche bezüglichen Abschnitten im

9. und 12. Buche — nichts weniger als ein harmonisches
Ganzes ist, hat Holtzmann: Ueber den griechischen Ursprung des indischen Thierkreises S. 14 gegen Schlegel's
unkritische Ansicht nachgewiesen [15]).

Wie wir im ersten Buche des Mânava-Gesetzes zwei
Erzähler, Manu und Bhrigu unterscheiden, so auch zwei
verschiedene Darstellungen der Weltentwicklung. Die ein-
fachere ist die des Bhrigu. Beide aber (v. 14 und 74)
stellen als erstes Produkt das denkende Prinzip hin,
welches ist und nicht ist, d. h. dem ein reales Sein, nicht
aber Ewigkeit zukommt, da es ja ein Produkt ist [16]).

Die Darstellung in Vers 74 f. kennt nur das denkende
Prinzip und die fünf Elemente. Jenes umfaßt also das
Gebiet aller geistigen Wahrnehmung und Thätigkeit, welche Kapila in Vernunftthätigkeit, Selbstbewußtsein und
Sinneswahrnehmung scheidet, deren Zusammengehörigkeit
durch die gemeinsame Bezeichnung „inneres Organ" angedeutet ist [17]).

---

[15]) Im ersten Buche spricht Manu vom 7ten bis 58sten Verse; in diesem letzten erklärt er, Brahmâ habe dieses Gesetzbuch (çâstram) verfaßt —
nach v. 102 ist der erste Manu, der Sohn des Svayambhûh, der Verfasser;
nach XI. 243 aber Prajâpati — er, Manu, habe os dem Weisen Marici (vgl.
v. 34, 35) und den übrigen mitgetheilt; der vorletzte dieser zehn (Kull. zu
VIII. 110 nennt deren nur sieben) Weisen, Bhrigu, werde den Fragenden —
nach I. 1 sind das eben die „Großen Weisen, maharshi" und Bhrigu müßte
also Weisheit mittheilen, die er von Manu erfragen wollte — das ganze Gesetz mittheilen. Bhrigu beginnt alsdann v. 61 seine Darstellung mit einer
Aufzählung der sieben Manu's, von denen jeder eine besondere Reihe von Geschöpfen hervorbrachte v. 61 und eine Weltperiode regiert (manvantara) v. 63,
die freilich in v. 79, 80 wiederum als unzählbar angegeben werden. · Und
während Bhrigu den ersten Manu von Svayambhûh abstammen läßt, erklärt
Manu selbst v. 85, 86, er habe zuerst die zehn Groß-Weisen, diese dann
sieben andere Manu's, die Götter und deren Wohnungen u. s. w. erschaffen.

Dagegen beginnt das zweite Buch mit den Worten: Erkennet das Recht,
das von den Wissenden verehrte, von den Guten, die stets frei sind von Haß
und Liebe, im Herzen gebilligte. Von Bhrigu ist nur III. 16 noch einmal
die Rede, um seine von der des Manu abweichende Ansicht zu constatiren.

[16]) mano sadasadâtmakam cf. Kap. V. 56 sadasatkhyâtir bâdhôbâdhât.

[17]) Kár. 33 antahkaraṇam trividham, was der Kom. erklärt buddhyaha-
ṅkâramanâṅsi mahadâdibhedât. Cf. Kár. 35. Die Kommentatoren sind im
Irrthum, sowohl wenn sie manas an dieser Stelle mit dem mahattattvam des
Kapila, als wenn sie es in v. 14 mit dem eilften Sinne, dem Centralorgan
der Sinneswahrnehmung identifiziren. In jedem Falle fassen sie den Inhalt
des Begriffes zu eng. Es ist wahrscheinlich, daß die Beschränkung des Be-

Die Darstellung Manu's in I. 14 f. ist in der Unterscheidung bereits einen Schritt weiter gegangen; sie kennt auch das zweite innere Prinzip des Kapila, das Selbstbewufstsein, das Wissen von der Individualität, den „Herrn",

---

griffes von manas auf den des eilften Sinnes erst ziemlich spät erfolgt ist. In Kapila I. 61 findet sich manas gar nicht namentlich aufgeführt: prakritermahân mabato'hankâro'hankârât pañcatanmâtrânyubhayamindriyam u. s. w., so dafs die Zahl der tattva also nur 24 betrüge. Lesen wir doch in dem Texte des Kapila I. 71: „Das Mahat genannte ist das erste Produkt, das ist manas. mahadâkbyamâdyam kâryam tanmanah. Vijn. erklärt tanmanas durch mananavrittikam, dessen Funktion das Denken ist; mananam sei dasselbe wie niçcaya, Urtheil, und das sei die Funktion der buddhi: mananam atra niçcayastadvrittikâbuddhirityarthah. Und zu II. 13 bemerkt er, mahat sei synonym mit buddhi: mahattattvasyaparyâyo buddhiriti | asyâçca buddheh mahattvam svetarasakalakâryavyâpakatvân mahaiçvaryâcca mantavyam. Die buddhi werde mahat genannt, weil sie alle andern Produkte durchdringe und ihrer Allmacht wegen. Ebenso zu II. 47: ata eva buddireva mahân iti sarvaçâstreshu giyate. Der Text des Kapila kennt auch das Masculinum mahân. So I. 61 prakritermahân, wie Kâr. 22. Auffallend ist, dafs die Kommentatoren auf diesen Unterschied gar nicht aufmerksam machen. Buddhi als Name des ersten Produktes kennt das Gesetzbuch nicht; wohl aber mahân. So XII. 14; 24, 50. Die Komment. erklären überall mahân durch mahattattvam und Medh. macht zu XII. 24 besonders darauf aufmerksam, der purusha könne nicht bezeichnet sein, da demselben die Qualitäten nicht zukämen, welche den mahân durchdringen. Haugthon zu M. XII. 50 bemerkt, es sei besser mahânavyakta eva ca (für avyaktam) zu lesen, da die Seelen nicht als die Prinzipien mahat und avyaktam wiedergeboren würden, sondern als über jene waltende Gottheiten. „The errour arose from not attending to the fact, that it is to the Regents of the Mahat and the Avyakta, and not to the principles, that souls endued with the property of goodness are conveyed." Kull. sagt: sânkhyaprasiddham tattvadvayam | tadadhishtâtridevatâdvayam iba vivakshitam. Offenbar also hat eine mehr mythologisirende Richtung den einzelnen Prinzipien Schutzgottheiten zugetheilt. So Vishnu als Schutzgott, pâlakatvam, des mahat. mahattattvopâdhikatvâttu vishnurmahân parameçvaro brahmetica giyate taduktam | yadâhur vasûdevâkhyam cittam tanmahadâtmakam. Kap. VI. 66; so Brahma, Rudra u. s. w. als Schutzgötter des Ahankâra. Kap. IV. 64. Ob nun zu mahân XII. 12, 24, 50 âtmâ zu ergänzen ist, nach I. 15, und etwa an eine Weltseele als Intelligenzprinzip (νοῦς) zu denken ist, wage ich nicht zu entscheiden. In der Kâtha-Upanishad III. 10, 11 heifst es: indriyebbyah parâ hyarthâh (die feinen Elemente?) arthebbyaçca param manah | manasastu parâbuddhir buddherâtmâ mahân parah || mahatah param avyaktam avyaktât purushah parah | purushânna param kiñcit sâ kâshtâ sâ parâ gatih. Çankara erklärt âtmâ mahân sarvasahatvâdavyaktâtprathamam jâtam hairanyagarbhatattvam bodhâbodhâtmakam mahânâtmâ buddheh parah. hiranyagharbha ist Beiwort des aus dem Ei geborenen Brahmâ, cf. Nir. XIV. 8.

Das Verhältnifs des Mahân zu den drei Qualitäten, wie es XII. 24 angedeutet, werde ich später erörtern, wenn ich die Lehre von den Guna's darlege.

wie Manu sagt. Das Selbstbewuſstsein entwickelt sich aus dem Vernunftprinzip [18]).

Das Selbstbewuſstsein, welches, wie Wils. S. K. p. 94 sehr richtig bemerkt, mehr einen physikalischen, denn metaphysischen Charakter hat, ist der Grund sowohl der Sinne als der Sinnesobjekte.

An die Spitze dieser sekundären Prinzipien tritt in der Ausbildung des Systems das Centralorgan der sinnlichen Wahrnehmung und Empfindung, das Gemüth (manas in engerer Bedeutung). Diesem als Inbegriff nicht nur der sinnlichen, sondern auch der geistigen Wahrnehmung mochten ursprünglich als Objekte nur die fünf Elemente, Aether, Luft, Feuer, Wasser, Erde gegenüberstehen (also

---

[18]) Manu sagt: manasaçcâhañkâram abhimantâram içvaram, ganz wie Kap. I. 61 — Kâr. 22 — mahato'hañkâraḥ d. h. mahataḥ kâryo'hañkâraḥ. abhimantṛi erklärt Medh. ahamiti abhimânitâ'hañkârasya vṛittiḥ; also der sich selbst fühlende. „Was immer gesehen und gedacht ist, darüber bin ich gesetzt und darüber habe ich Macht; meinetwegen sind alle diese Dinge, auſser mir ist Niemand über dieselben gesetzt; deſshalb ist das Gefühl „ich bin" das Selbstbewuſstsein, weil es nichts anderes gelten läſst; und dieses in Thätigkeit setzend erkennt die Vernunft: „das muſs ich thun." Tatt. Kaum. zu Kâr. 24 yatkhalvâlocitam matañca tatrâhamadhikṛitaḥ çaktaḥ khalvahamatra madarthâ evâmî vishayâḥ mattonânyo'trâdhikṛitaḥ kaçcidastyato'hamasmiti yo'bhimânaḥ so'sâdhâraṇavyâpâratvâdahañkârastamupajivya hi buddhiradhyavasyati karttavyametanmyeti. Die Bedeutung: „Wünscher, Verlanger", welche das Pet. Wörterbuch zu dieser Stelle angiebt, ist wenig erschöpfend. „Herr" içvara nennt Manu das Selbstbewuſstsein, und bezeichnet dadurch die wichtige Stellung, welche dieses Prinzip auch in dem System des Kapila einnimmt. Das Selbstbewuſstsein, sagt Kap. VI, 54, ist das Agens, nicht der Genius. ahañkâraḥ karttâ na purushaḥ und VI. 64 ahañkârakartrādhînâ kâryasiddhirneçvarâdhînâ pramâṇâbhâvât: the existence of effect is dependent upon consciousness not upon Îçvara, wie Col. übersetzt. Jones und Loiseleur halten sich, wie mir scheint, sehr mit Unrecht an die Erklärung der Kommentare, welche behaupten, die Entstehung der Prinzipien sei hier in umgekehrter Folge angegeben. Medh.: prâtilomyeneyaṃ tattvotpattiribocyate. Daſs manasaçcâhañkâram sc. udbabarha nicht bedeutet: „and before mind he produced consciousness", sondern nur bedeuten kann: und aus dem manas entfaltete er das Selbstbewuſstsein, ist offenbar. Die Kommentatoren werden zu der seltsamen Erklärung gezwungen, weil sie die beiden Verse 14 und 15 in Zusammenhang und zwar in einen dem Systeme des Kapila genau entsprechenden Zusammenhang bringen wollen. Wie der Text jetzt vorliegt, müſste aus dem manas der ahañkâra, dann der mahânâtmâ, also aus dem Besondern das Allgemeinere entfaltet werden, darauf Alles, was der drei Qualitäten theilhaftig ist, gleich als wenn die bis dahin genannten Prinzipien nicht triguṇa wären. Ueber mahân s. XII. 24. Was unter sarvâṇi triguṇâṇi zu verstehen ist, weiſs ich nicht. Bezeichnet M. schlechtweg alle Produkte, so ist die Stellung zwischen mahânâtmâ und den fünf Sinnen räthselhaft.

nur sechs Prinzipien; wie M. I. 74 sq. und I. 16). Ein weiterer Schritt war die Trennung des innern Organs in das Prinzip der Erkenntniſs und das der Individualität (also sieben Prinzipien, wie M. I. 19. So das Kûrma-purâṇa lib. IV. in.).

Neben das Centralorgan stellten sich alsdann die fünf Arten der sinnlichen Wahrnehmung: Gehör, Gefühl, Gesicht, Geschmack und Geruch; „die Erfasser der Sinnesobjekte, die fünf Organe", wie sie von Manu genannt werden [19]).

Als Sinnesobjekte stellten sich den Sinnen ursprünglich wohl nur die fünf Elemente gegenüber. Wie aber, mochte sich der Inder fragen, ist eine Wahrnehmung möglich, wenn zwischen dem Organ und den Objekten kein innerer Bezug vorhanden ist? Nach indischen Vorstellungen ist eine Thätigkeit oder Eigenschaft ohne eine Substanz, an welcher sie haftet, nicht möglich. Man supponirte also entsprechende Substanzen der der sinnlichen Wahrnehmung unterworfenen Eigenschaften (tanmâtra), welche, wie *der*

---

[19]) M. I. 15 vishayâṇâṃ grahîtṛiṇi çanaiḥ pañcendriyâṇica. Das philosophische System fügte zu diesen Organen der Wahrnehmung (buddhîndriya) noch fünf Organe der Thätigkeit (karmendriya): Hand, Fuſs, Mund, Zeugungsglied und After, und stellt das Manas als Organ der Wahrnehmung und Thätigkeit über und zwischen die beiden Reihen. Die mit der Sânkhya vollständig gleichlautende Darstellung findet sich in der Gesetzbuche (II. 89 — 92, cf. Kâr. 26, 27; Kap. II. 19, 26) in einer einzigen, offenbar eingeschobenen Stelle mit der Einleitung: „Welche eilf Sinne die frühern Weisen genannt haben, die will ich mittheilen" u. s. w. Kull. und Râgh. vermissen natürlich in dieser Aufzählung der Prinzipien v. 14, 15 die fünf Thätigkeitsorgane, sowie die fünf tanmâtra's und machen die Entdeckung, das Fehlende sei durch die Partikel ca „und" angedeutet; so dafs Jones übersetzt: and the five perceptions of sense and the five organs of sensation, und Loiseleur ganz wie Kull.: les cinq organes de l'intelligence (soll heifsen perception) destinés à percevoir les objets extérieurs, et les cinq organes de l'action et les rudiments des cinq élémens. Haughton sagt in einer Anmerkung: Were it not for this interpretation of the passage Ch. I verse 15, by the Hindu commentators, I should be inclined to translate the hemistich thus: „and the five organs of sense and the five senses gradually". ca ist aber nur einmal vorhanden, vishayâṇâṃ grahîtṛiṇi ist also Attribut zu pañcendriyâṇi, wie auch Medh. die Worte erklärt. Gegen Haughton bemerke ich, dafs die Texte zwischen Sinnesorganen und Sinnen (sensations) nicht unterscheiden; wenigstens beständig das Organ nennen, wenn von der Sinnesthätigkeit, welche an demselbe gebunden ist, die Rede ist. Die Funktionen erläutert Kâr. 28: çabdâdishu pañcânâm âlocanamâtramishyate vṛittiḥ | vacanâdânavihârotsargânandaçca pañcânâm ‖

Kommentator sich ausdrückt, die Träger der Eigenschaften des Hörbaren, Fühlbaren, Sichtbaren, Schmeckbaren und Riechbaren sind [20]).

Aus diesen fünf Substanzen entstehen nun die eigentlichen Elemente, Aether, Luft, Feuer, Wasser, Erde; der Aether aus der Substanz des Tones, ist also nur hörbar; die Luft aus der Substanz der Berührung und des Tones, ist also hörbar und fühlbar; das Feuer aus den beiden ersten und der Form-Substanz, ist also hörbar, fühlbar und sichtbar; das Wasser aus den drei genannten und der Substanz des Geschmackes, ist also hörbar, fühlbar, sichtbar und schmeckbar; die Erde endlich aus den vier ersten und der Geruchssubstanz, ist also allen fünf Sinneswahrnehmungen unterworfen. So sagt Manu (I. 20): Von diesen (Elementen) kommt dem jedesmal Folgenden die Eigenschaft des Vorhergehenden zu, und das wie vielste eines ist, so viel Eigenschaften werden demselben zugeschrieben [21]).

[20]) Die merkwürdige Stelle lautet Vij. zu I. 62: tanmâtrâṇica | yajjâtiyeshu çântâdiviçeshatrayaṃ natishṭati tajjâtiyânâṃ çabdasparçarûparasagandhânâmâdhârabhûtâni sûkshmadravyâṇi sthûlânâm aviçeshâḥ. Die tanmâtra's sind die feinen Substanzen der groben Elemente, die Träger des Tons, des Gefühls, der Form, des Geschmacks und des Geruchs, in welchen die Dreiheit der Qualitäten nicht unterschieden ist; ununterschieden also wie Kap. III. 1. aviçeshûdviçeshârambhaḥ. Wils. Kâr. p. 121 liest yajjâtiyetu und übersetzt, als wenn da stände sthûlabhûtânâṃ na viçeshâ, they are not varieties of the gross elements. sthûlabhûtânâm gehört zum vorhergehenden, und aviçeshâḥ ist entweder Attribut zu tanmâtrâṇi oder gehört znm Folgenden. Der Ausdruck tanmâtra findet sich im Gesetzbuche nicht. Tanmâtra, sagt Wilson a. a. O., is a compound of „that" and „mâtra" alone, implying that in which its own peculiar property resides without any change or variety.

[21]) âdyâdyasyaguṇaṃ tveshâmavâpnoti parasparaḥ | yo yo yâvatithaçcaishâṃ sa sa tâvadguṇaḥ smṛitaḥ. Grammatisch bezieht sich puraspараḥ als Masculinum auf sapta purusha in v. 19, so dass also unter den sieben Purusha's fünf Elemente und etwa manas und ahañkâra verstanden werden müssen. Die Kom. begnügen sich mit der Erklärung: eshâm âkâçâdisthûlapañcabhûtânâm. Ich bezweifle sehr, dass der Vers an der rechten Stelle steht, da die Elemente, auf deren Reihenfolge soviel ankommt, gar nicht vorher aufgezählt sind. Der Widerspruch zwischen Vers 20 und 75 ff., woselbst je ein Element aus je einem tanmâtra entsteht und also auch nur eine Eigenschaft hat, ist wenig zu betonen, da in Vers 75 wohl nur die charakteristische Eigenschaft eines jeden Elementes angegeben wird (vgl. Ved. sâr. § 68). Die oben angegebene Entstehung der Elemente findet sich in der Tatt. Kaum. ad Kâr. 22 angeführt: tatra çabdatanmâtrâdâkâçaṃ çabdaguṇam | çabdatanmâtrasahitâtsparçatanmâtrâdvâyuḥ çabdasparçaguṇaḥ, çabdasparçatanmâtrasahitâd-

3. Die elementare Schöpfung.
(sûkshmaçarîrasthûluçarîrasṛishṭiḥ.)

Um die weiteren Anschauungen des Gesetzbuches zu verstehen, müssen wir in Kürze auf die Ansicht der Sânkhya von dem Urleibe (dem feinen Körper) eingehen.

Die aus der Natur entfalteten Grundstoffe, Vernunft, Selbstbewufstsein, Herz (als Centralorgan der sinnlichen Wahrnehmung und Thätigkeit), die Sinne und die Urelemente treten zum Urleibe zusammen und bilden jenen „feinen Körper" des Genius, von welchem derselbe sich nur dann trennt, wenn er die höchste Erkenntnifs erlangt hat oder wenn eine allgemeine Weltauflösung eintritt. In allen elementaren Wandlungen ist der Urleib das allein Beständige. Selbst ohne Empfindung vermittelt er das Empfinden des Genius, der in dieser feinen Hülle zu einer Individualität gelangt, die der leibliche Tod nicht, sondern erst die geistige höchste Vollendung vernichtet. Der Urleib, nicht

---

rûpatanmâtrâttejaḥ çabdasparçarûpaguṇam | çabdasparçarûpatanmâtrasahitâd-rasatanmâtrâdapaḥ çabdasparçarûparasaguṇâḥ | çabdasparçarûparasatanmâtra-sahitâdgandhatanmâtrâcchabdasparçarûparasagandhaguṇâ pṛithivî jâyate. Nach Vijn. zu Kap. I. 62. p. 48 läfst die Yoga die tanmâtra's auf ganz ähnliche Weise aus dem Selbstbewufstsein entstehen: yathâhaṅkârâcchabdatanmâtram tataçcâhaṅkârasahakṛitâcchabdatanmâtracchabdasparçaguṇakam sparçatanmâ-tram | evam krameṇaikaikaguṇavṛiddhyâ tanmâtrâṇyutpadyanta iti, so dafs also auf die tanmâtra's bereits der Vers 20 angewendet werden kann. In die-sem Fall mufs man je ein Element aus je einem tanmâtra ableiten.

Die Purâṇa's (Vijn. a. a. O. citirt das Vishṇup., vgl Kûrmap. IV. in.) geben eine ganz andere Entstehungsart an. Aus dem Selbstbewufstsein ent-steht das çabdatanmâtra, daraus der Aether (âkâça); der wandelt sich um in das sparçatanmâtra, daraus entsteht die Luft u. s. w.

Die fünf Elemente sind die letzten in der Reihe der Prinzipien oder Grundstoffe. „Die Reihe der Sechszehn — eilf Sinne und fünf Elemente — ist Umgestaltung, nicht schöpferisch." Kâr. 3. Denn wenn auch die Erde und die übrigen Elemente eine Kuh, einen Krug u. s. w. hervorbringen, so sind diese doch nicht von der Erde u. s. w. verschiedene Prinzipien. pra-kṛiti ist nur das, was die materielle Ursache eines besondern Prinzipes (Grund-stoffes) ist. Da aber die Kuh, der Krug u. s. w. sowohl elementare, als sinn-lich wahrnehmbare Dinge sind, so ist in denselben kein besonderes Prinzip vor-handen. shoḍaçako vikâra eva na prakṛitirityarthaḥ yadyapi pṛithivyâdayo go-ghaṭâdinâm prakṛitistathâpi na te pṛithivyâdibhyastattvântaramiti na prakṛitiḥ tattvântaropâdânatvam ceha prakṛitivamabhimatam goghaṭâdinâm sthûlatven-driyagrâhyatvayoḥ samânatvena tattvântarâbhâvaḥ. Sarv. Drç. S. p. 148 f.

der Genius selbst ist den Zuständlichkeiten unterworfen,
der Tugend und des Lasters, des Wissens und des Nichtwissens, der Leidenschaftslosigkeit und der Leidenschaftlichkeit, der Macht und der Schwäche. Selbstständig aber
kann dieser Urleib nicht existiren; er bedarf eines Sub-
strates, und das findet er in den Elementen d. h. in dem
elementaren Körper, auf dem er beruht wie das Bild auf
der Unterlage, wie der Schatten auf dem festen Hinter-
grunde [22]).

---

[22]) „Der Urleib, lesen wir in der Kârikâ, wandert (d. h. er wird in
verschiedenen elementaren Körpern wiedergeboren), er, der zuerst (von den
Körpern) entstanden, der nicht gebunden ist, der unwandelbare, dessen erstes
(Glied) das Grofse — das Vernunftprinzip — dessen letztes das Feine — die
Urelemente — ist, ohne Empfindung, den Zuständlichkeiten unterworfen."
Kâr. 40 pûrvotpannam asaktaṃ (Lass. açaktaṃ, Gaud. erklärt na saṃyuktam)
niyatam mahadâdisûkshmaparyantam | saṃsarati nirupabhogam bhâvairadhi-
vâsitaṃ liṅgam. Kap. III. 9 saptadaçaikaṃ liṅgam. Die Einheit der Siebzehn ist der Urleib. Die vollständige Reihe besteht aus achtzehn Prinzipien
(Col. Ess. p. 155) und der Kommentar hilft sich mit der Behauptung, das
Selbstbewufstsein sei in dem Vernunftprinzip einbegriffen. ahaṅkârasya bud-
dhâvevântarbhâvaḥ. Das ist eine willkürliche Erklärung. Dafs Kapila nur
siebzehn nennt, beweist, dafs zur Zeit der Festetellung unseres Textes eben
nur soviel Prinzipien angenommen wurden, und steht im Einklange mit I. 61,
wo das Herz, manas, nicht erwähnt ist. Cf. n. 17. Dieser Umstand bestätigt
unsere Behauptung, manas sei ursprünglich nicht von dem Mahat, dem Vernunftprinzip unterschieden und erst verhältnifsmäfsig spät als eilfter Sinn abgetrennt worden. Ist es ja auch kaum denkbar, dafs Kapila in I. 71 mahat
durch manas erklärt haben würde, wenn schon damals manas den „eilften
Sinn" (ekâdaçakam) bezeichnet hätte. „Wie ein Gemälde nicht ohne Stütze,
wie der Schatten nicht ohne einen festen Hintergrund u. s. w., so kann der
Urleib nicht ohne Besonderheiten sein." Kâr. 41 citraṃ yathâçrayaṃṛite
sthâṇvâdibhyo yathâvinâ châyâ | tadvadvinâ viçeshairna tishṭati nirâçrayaṃ
liṅgam. Dafs viçesha die elementaren, in Kâr. 38 und Kap. III. 1 so bezeichneten Stoffe sind, beweist Kap. III. 11, 12. Der elementare Körper heifse
çarîram als Behälter des Urleibes; dieser sei nicht selbstständig (na svâtan-
tryâttadṛite châyâvaccitravacca) ohne jenen, d. h. ohne den elementaren Körper, gleichwie das Gemälde und der Schatten. Nach Vâcaspati soll Kâr. 41
besagen, buddhi, ahaṅkâra und indriya könnten nicht ohne die Urelemente
bestehen. Diese Auffassung ist unhaltbar. Wenn Kâr. 40 die achtzehn Bestandtheile des Urleibes angiebt, so wäre es sehr überflüssig in Kâr. 41 zu
erklären, dieser Urleib könne nicht bestehen, wenn fünf Bestandtheile fehlen.
Die spätere Sânkhya unterscheidet allerdings zwischen liṅga, bestehend aus
1—18 und liṅgaçarira, bestehend aus 1—18 d. h. mahadâdisûkshmaparyanta;
sollte aber in Kâr. 41 von liṅga in diesem Sinne die Rede sein, so hätte
also der Verfasser liṅga in v. 40 gleich liṅgaçarira und in v. 41 gleich liṅga
im spätern Sinne gebraucht. Viçesha aber sind nie die Urelemente, Kâr. 38
und Kap. III. 1; wohl aber der Urleib als Ganzes. Kâr. 39. Vâc. zu Kâr. 40:
eshâṃ (1—18) samudâyaḥ (sc. sûkshmaçariram) çântaghoramûḍhairindriyaiḥ

Ist der Urleib ursprünglich ein einziger? oder eine ursprüngliche Vielheit? Diese Frage hängt auf das Innigste mit der oben besprochenen nach Einheit oder Vielheit des Genius zusammen. Das Dilemma, in welchem diese Frage sich stellt, ist aufgedeckt worden; ich will hier nur in Bezug auf den Urleib wiederholen, daß entweder die Natur in eine Vielheit von Atomen aufgelöst werden muß, welche sich mit der entsprechenden Vielheit der Genien verbinden, oder die Entfaltung der großen Weltprinzipien unter Voraussetzung Eines Genius und einer einzigen Natur geschehen und erst auf der Grenze der übersinnlichen und der sinnlichen Welt die Auflösung des Genius in eine Vielheit von Genien stattfinden muß, die sich alsdann mit Urleibern, bestehend aus Theilen der schöpferischen Prinzipien verbinden. Diese Prinzipien sind ja ausdrücklich als theilbare Substanzen bezeichnet worden [23]).

---

anvitatvâdviçeshaḥ (Wils. 130 indriyânvitatvât). Wenn die Kommentatoren in den eben angeführten Stellen die Ansicht von einem dritten Körper außer dem Urleib und dem elementaren Körper, der das Vehikel des Urleibes, auch nach dem Tode mit ihm vereinigt bleibe, wiederfinden wollen, so hat dies in dem Texte durchaus nicht begründete Bestreben für uns keinen andern Werth, als uns eben mit jener Anschauung der späten Sânkhya bekannt zu machen. Cf. Wils. S. K. 132—135.

[23]) Vâc. zu Kâr. 40 schreibt pradhânenâdisarge pratipurushamekaikam utpâditam sc. liṅgam. „Mittelst der Natur wird im Anfange der Schöpfung für jeden Genius Ein Urleib hervorgebracht." Das ist der Standpunkt des consequent ausgebildeten Systems. In dem Texte der Kârikâ findet sich nichts zur Lösung dieser Frage. Kapila aber auf die Frage: „Wenn nur Ein Urleib ist, wie so giebt es verschiedene Erfahrungen (bhoga Genuß, da der Genius der Genießende bhoktṛi) entsprechend den verschiedenen Genien?" antwortet III. 10 vyaktibhedaḥ karmaviçeshât. Die Vielheit der einzelnen Erscheinungen beruht auf der Besonderheit des Handelns. „Wenn auch im Anfange der Schöpfung, sagt Vij., nur Ein Urleib, in der Form des Hiraṇyagarbha (des im Weltei erzeugten Brahmâ) gewesen, so ist doch später eine Trennung desselben in individuelle Erscheinungen, d. h. eine Mannigfaltigkeit in der Form von Individuen mittelst Theilung eingetreten; wie auch sonst aus dem Urleibe Eines Vaters (dem Samen?) durch Theilung eine Mannigfaltigkeit hervorgeht in der Form des Urleibes (Embryo?) des Sohnes, der Tochter u. s. w. Und weshalb? weil die verschiedenen Handlungen des ersten Urleibes Ursache sind der irdischen Existenz anderer Seelen, nämlich der Einzelgenien. Yadyapi sargâdau hiraṇyagarbhopâdhirûpamekameva liṅgaṃ tathâpi tasya paçcâdvyaktibhedo vyaktirûpeṇâñçato nânâtvamspi bhavati | yathedânimekasya pitṛiliṅgadehasya nânâtvamañçato bhavati putrakanyâdiliṅgadeharûpeṇa | tatra kâraṇamâha karmaviçeshâditi | jîvântarâṇâmbhoga-

Ein charakteristisches Merkmal der Idee eines Urleibes liegt in der Verbindung des kraftartigen Atoms mit
den stoffartigen zu einer dauernden Einheit. Im Gesetzbuche begegnen wir verschiedenen Ansätzen zu ähnlichen
Anschauungen. Je unvollständiger die Reihe der aus der
Natur entwickelten Grundstoffe oder Prinzipien ist, um so
weniger tritt der Grundgedanke der Sànkhya hervor. An
der Hand des Gesetzbuches können wir den Weg verfolgen, den der indische Gedanke gegangen ist.

„Mittelst der wandelbaren Atom-Theile der Fünf (d. h.
der Elemente) lesen wir an einer Stelle, entsteht nach und
nach dieses All" [34]).

- - --

hetukarmâderityarthaḥ | atra viçeshavacanàt samasbṭisṛishṭirjivànàṃ sàdhàra
ṇaiḥ karmabhirbhavatítyàyàtam.

[34]) M. I. 27 aṇvyo mâtrâ vinâçinyo daçârddhànàṃ tu yàḥ smṛitàḥ | tàbhiḥ sàrddhamidaṃ sarvaṃ sambhavatyanupûrvaçaḥ. Dafs diese atomartigen
Theile der Wandlung unterworfen, d. h. vergänglich sind, unterscheidet sie
von den Atomen der Nyàya und Vaiçeshika. Kap. V. 87 nâṇunityatâ tatkàryatvaçruteḥ polemisch gegen die erwähnten Philosophen, welche durch den
Ausspruch des Manu widerlegt werden sollen, da die Offenbarung der Länge
der Zeit wegen nicht mehr vernehmbar sei, wie Vij. bemerkt. Die Manu
Kommentatoren, welche Loiseleur durch die Uebersetzung: „avec des parti-'
cules ténues des cinq élémens subtils" noch überbietet, erklären, wie
leicht zu erwarten, aṇvyo mâtrâ durch paûcatanmâtrâṇi, ohne zu bedenken,
dafs dieses All weder unmittelbar aus den Urelementen hervorgeht, noch aus
denselben allein entsteht. Die Kom. stofsen sich an das Epitheton vinâçi
nyaḥ, welches den Urelementen beigelegt sein soll, weil dieselben im elementaren Zustande wandelbar seien! Medh. pariṇâmadharmatvât sthaulyapratipattyâ vinâçinya ucyante. Lois. „et qui sont périssables à l'état d'élémens grossiers". Bei der Annahme von atomartigen, an Zahl unbeschränkten Theilen der Elemente ist das Gesetzbuch stehen geblieben; es kennt
die fünf Urelemente nicht. XII. 98 beweist nichts gegen meine Behauptung, da er durchaus vereinzelt dasteht und augenscheinlich zum höhern
Lobe des Veda eingeschoben ist. çabdaḥ sparçaçca rûpaṃ ca raso gaudhaçca
paûcamaḥ | vedàdeva prasidhyanti prasûtiguṇakarmataḥ. Die Uebersetzer
Jones und Loiseleur, welche Kull. folgen, sind wohl im Irrthum. çabda u. s. w.
sind die fünf Urelemente, welche im Veda erklärt sein sollen, gemäfs des
Entstehens oder Hervorbringens (insofern es zweifelhaft sein kann, ob prasûti
auf das Entstehen der Urelemente aus dem ahaṅkâra oder auf das Entstehen
der Elemente aus den Urelementen zu beziehen ist), gemäfs der Qualität und
gemäfs der Funktionen. çabda u. s. w. sind ja nach I. 20 und 74 sq. Eigenschaften. guṇa, der Elemente; ihre Funktionen sollen nach Ràgh. dieselben sein,
wie die von Medh. zu I. 18 angegebenen Funktionen der Elemente. Kâr. 28.
Dafs prasûtiguṇakarmataḥ nicht „together with" übersetzt werden kann, ist
klar. Wilson Kâr. p. 155 und ebenso Loiseleur sieht in den paûca mâtrâ
M. XII. 16. die fünf Urelemente. Einen Grund giebt er nicht an. Wollen
wir mâtrâ nicht nach Analogie von I. 19, wo es für avayava in I. 16 steht,

Eine zweite Stelle des Gesetzbuches I. 75 sq. zeigt uns die weitere Entwicklung des Gedaukens. Den elementaren Substauzen tritt das Gemüth — manas — als Inbegriff der geistigen Fähigkeiten und Thätigkeiten, als die übersinnliche, sogenannte feine Substanz gegenüber. Das Herz als Denkprinzip bringt den Aether hervor, der wandelt sich um in die Luft, die Luft in das leuchtende Feuer, dies in das Wasser, das Wasser in Erde. Diese sind die sechs Prinzipien, von denen es in dem Verse I. 16 heißt; „Feine, d. h. einfache Theile dieser Sechs vereinigend mit Seelen-Elementen bildete er, d. h. Svayambhû, alle Wesen." Es ist also auch das eine Art Urleib des Genius, bestehend aus elementaren und geistigen Atomen[25]).

mit „Theil" übersetzen, so enthält doch auch die gewöhnliche Bedeutung „Maaſs, Substanz" nichts den Urelementen Entsprechendes. Das Element ist an sich schon eine Abstraktion, und den elementaren Körpern gegenüber immer noch als Substanz zu betrachten. In XII. 17 steht für mâtrâ: bhûtamâtrâ „elementare Substanzen". Gegen die Auffassung Wilson's mache ich aber vorerst den oben erwähnten Einwurf geltend: aus den Urelementen allein bildet sich kein Körper. Hier aber liegt die Sache noch anders. Subjekt des Satzes ist die lebendige, mit Empfindung und den geistigen und sinnlichen Funktionen begabte Seele des gestorbenen Sünders. Haben wir also wenigstens ein Analogon des Urleibes, wie soll dieser einen „andern, der Qual unterworfenen, aus den fünf Urelementen gebildeten" Körper annehmen? Der Sinn ist einfach der: nach dem Tode nimmt die Seele des Sünders einen andern, aus den fünf Elementen gebildeten Körper an, in welchem er die Folgen seiner Sünden büſst. Medh. (ähnlich Kull.) sagt: mâtrâ bhûtâni | pañcabhyo bhûtebhyo'nyaccharîram pretyotpadyate. Râgh. pañcabhûtakâryam, und wenn er nachher mâtrâm durch sûkshmabhûtebhyaḥ erklärt, so widerspricht er sich selbst und seinen Vorgängern. Jones übersetzt ganz unverständlich: „another body composed of nerves with five sensations."

[25]) So faſst Vij. zu Kap. III. 10, da er die Vielheit der individuellen Seelen nachgewiesen hat, den Vers des Gesetzbuches auf. Diese Vielheit der individuellen Erscheinungen, sagt er, ist auch von Manu und Andern behauptet worden. „Sechs" ist die Bezeichnung des Urleibes als eines Ganzen; âtmamâtrâ erklärt er durch cidañçâ Theil des Geistes. ayaṃ ca vyaktibhedo manvadishvapyuktaḥ | yathâ manau samashṭipurushasya shaḍindriyotpattyanantaram | teshâṃ tvavayavân sûkshmân shaṇṇâmapyamitaujasâm | sanniveshyâtmamâtrâsu sarvabbhûtâni nirmame || iti | shaṇṇâm iti samastaliṅgaçarîropalakshaṇam | âtmamâtrâsu cidañçeshu svâñçeshu saṃyojyetyarthaḥ. Und mit den Worten: tathâ ca tatraiva vâkyântaram „und so findet sich ebendaselbst noch ein anderer Ausspruch" citirt er einen Çloka, welcher sich in unserm Text nicht vorfindet: taccharîrasamutpannaiḥ kâryaistaiḥ karaṇaiḥ saha | kshetrajñaḥ samajâyanta gâtrebhyastasya dhîmataḥ. Die Seelen entstehen aus den Gliedern dieses Geistbegabten mittelst der aus seinem Körper entstandenen Wirkungen (Prinzipien?) nebst deren Organen.
Die aufgestellte Erklärung des Verses 16 wird zur Hälfte wenigstens von

In dem früher schon erwähnten Verse I. 14 fanden
wir die Scheidung des Prinzipes der geistigen Thätigkeit

Râgh. bestätigt. In diesem Verse spreche Manu von dem Offenbarwerden der
Einzelseelen: jívâtmanâmâvirbhâvamâha. atmamâtrî seien Theile, aṅça, der
Allseele, gleichwie in der Bhagavadgíta XV. 7 Kṛishṇa sagt: mamaivâṅço ji-
valoke jivabhûtaḥ sanâtanaḥ | manaḥshashṭânîndriyâṇi prakṛitisthâni karshati.
Schl.: mei portio quidem in animantium mundo, vitalis, sempiterna, animum
cum quinis sensibus e naturae gremio attrahit. Ein Theil von mir, lebendig
geworden in der Welt der Lebendigen, unvergänglich, zieht an sich das manas und die fünf Sinne, welche (sechs) in der Natur befindlich sind. Dieser
Urleib des Genius besteht also nur aus manas und den fünf Sinnen; eine
Ansicht, welche dem Yoga-Systeme eigenthümlich ist und welche Vijn., der
sowohl die Sûtra's des Kapila wie die des Patañjali kommentirte, auf die
oben angeführte Erklärung des Manu'schen Verses geführt zu haben scheint.
In diesem Sinn erklärt er auch den Vers 17 zu Kap. V. 103 indriyâçrayatvaṃ
çarîratvam. Dieser Auffassung schliefst sich Râgh. an, indem er hinzufügt,
manas umfasse die innern Organe der Wahrnehmung (buddhi, ahaṅkâra, manas) und die fünf Organe, d. h. die fünf Organe der äufsern Wahrnehmung
involvirten auch die fünf Thätigkeitorgane; eine Voraussetzung, welche einen
Beleg abgeben mag für die unkritische Methode des Autors. Von dieser so
überaus verfeinerten Ansicht der spätern theistischen Sânkhya von dem Urleibe findet sich im Manu keine Spur. Jones übersetzt: Thus, having at
once pervaded, with emanations from the Supreme Spirit, the minutest por-
tions of six principles immensely operative (consciousness and the five perceptions), He framed all creatures, ohne dass ersichtlich ist, was unter den
emanations zu verstehen. In v. 17 leitet er gar die Elemente von den perceptions ab: the five elements (depending) on as many perceptions. Loiseleur, welcher doch den Kommentar des Râgh. kannte, hat von dessen Ansicht gar keine Notiz genommen, obgleich dieselbe ihm zum Wegweiser hätte
dienen können, um die vollständig in der Luft schwebenden Erklärungen des
Medh. und Kull. zu absurdum zu führen.
   Kull. erklärt teshâṃ shaṇṇâm durch ahaṅkâra und die fünf tanmâtra's;
und diese Ansicht ist von Jones wie von Loiseleur, wie mir scheint, ohne
allen Grund angenommen worden. teshâm bezieht sich grammatisch auf das
Vorhergehende; in v. 14 u. 15 sind aber die tanmâtra's nicht genannt; ebensowenig findet sich daselbst eine abgeschlossene Reihe von Sechs. Der Zusammenhang zwischen v. 15 u. 16 ist ebenso mangelhaft wie zwischen 14
u. 15. Wie kommen denn die Erklärer zu der Annahme gerade dieser Sechs?
âtmamâtrâsteshâm svavikârâstanmâtrâṇâm bhûtanyahaṅkârasyendriyâṇi schreibt
Medh., dem Kull. folgt; Lois. sagt „particules". âtmâ stände für das Refle-
xivum und mâtrâ wäre synonym mit vikârâḥ. Loiseleur übersetzt: ayant uni
des molécules imperceptibles de ces six (principes) doués d'une grande éner-
gie (savoir, les rudiments subtils de cinq élémens et la conscience) à des
particules de ces mêmes principes (transformés et devenus les élémens et les
sens), alors il forma tous les êtres. Also, aus der Vereinigung seiner Theile
des Selbstbewufstseins und der Urelemente mit (andern) Theilen derselben,
nämlich mit den Sinnen und den Elementen soll die Schöpfung hervorgehen.
Sollte hierin irgend eine Analogie mit Anschauungen der Sânkhya liegen, so
müfste es wenigstens heifsen: seine Theile der Sechs (ahaṅkâra und tanmâ-
trâṇi) mit seinen Theilen der Sinne und Elemente vereinigend. Medh., der
das recht wohl eingesehen, schreibt also: teshâṃ shaṇṇâṃ yâ âtmamâtrâstâsu
sûkshmânavayavân sanniveçya und umschreibt sûkshmânavayavân durch tan-

überhaupt in das der geistigen Wahrnehmung und das Selbstbewufstscin. Diese beiden, in Verbindung mit den fünf einfachen, elementaren Stoffen bilden die Reihe der Sieben, von denen es in v. 19 heifst: Mittelst der feinen Formtheile dieser sieben grofsmächtigen Prinzipien entsteht die Welt, das Vergängliche aus dem Unvergänglichen [26]).

Ein Blick auf das Sânkhya-System der Purâna's genügt, den Abstand zwischen diesem und den Ansichten des Gesetzbuches zu erkennen. Dort entfalten sich die Prinzipien in Zahl und Folge übereinstimmend mit dem Systeme des Kapila. Von der Idee des Urleibes ist keine Spur vorhanden. An die Stelle desselben tritt der Mythus von dem Weltei in merkwürdig veränderter Gestalt. Fast alle Purâna's bilden dieses Ei aus sämmtlichen Prinzipien, von dem Vernunftprinzip an bis herab zu den unterschie-

---

mâtrâhañkârân, während Kull. grammatisch ungleich richtiger sagt: teshâm shaṇṇâm pûrvoktâhañkârasya taumâtrâṇâñca ye sûkshmâ avayavâḥ. Die unmöglichen Erklärungen der Kommentare gehen aus dem Bestreben hervor, die unentwickelten Anschauungen des Gesetzbuches mit dem ausgebildeten Systeme in Uebereinstimmung zu bringen. Dass die im Texte vorgeschlagene Uebersetzung die richtige ist, geht unwiderleglich aus den v. 16 u. 17 hervor. „Weil die feinen Formtheile dieses (des Brahmâ als Weltgenius) abhängen von jenen Sechs (d. h. weil die feinen Theile, welche die Form desselben bilden, eben Theile jener Sechs (manas und die fünf Elemente) sind), defshalb nennen die Weisen die Form desselben „çariram". (shaḍâçrayaṇât, wie Kull. sagt.) Diesen (tat sc. çariram) nämlich bilden (âviçanti adeunt; die Bedeutung oriri, prodire hat Westergaard Rad. auf die Autorität Kull. hin tadâviçanti tebhya utpadyante aufgenommen.) die Elemente (mahânti bhûtâni) nebst ihren Funktionen und das manas mittelst ihrer feinen Theile. (avayavaiḥ sûkshmaiḥ wie in v. 16. Zu avay. sû. saha zu ergänzen, wie Medh. will, ist unthunlich und giebt gar keinen Sinn.) Kull. avayavaiḥ svakâryaiḥ çubhâçubhasañkalpasukhaduḥkhâdirûpaiḥ | sûkshmairvahirindriyâgocaraiḥ!

[26]) An die Stelle der fünf Elemente treten bei Jones: „the five perceptions", bei Loiseleur: „les rudimens subtils des cinq élémens", in Uebereinstimmung mit Medh. und Kull. und dem ausgebildeten Sânkhya-Systeme. Ich würde kein Bedenken tragen, mich dieser Erklärung anzuschliefsen, wenn der Beweis vorläge, dafs unser Text mit den Urelementen bekannt gewesen. Die von Medh. zu v. 20 erwähnte Ansicht, unter den sieben seien die fünf Elemente nebst den fünf Sinnen der Wahrnehmung als sechstes und den fünf Organen der Thätigkeit als siebentes Prinzip zu verstehen, ist unhaltbar. Desgleichen die Erklärung des Râgh.: idam sthûlaçarîram purushâṇâm sc. mana âdipurushântânâm saptânâm. Auffallend ist die Bezeichung der sieben als purusha's. Medh. purushaçabdastattve purushârthatvâtpraynktaḥ. Kull. purushâdêtmana utpannatvât.

denen, d. h. elementaren Stoffen, die bekanntlich nicht zu
dem Urleib des Kapila-Systems gehören. Die Prinzipien,
heißt es, wären unvermögend zu schaffen; erst im Weltei
vermischen sie sich, Dank der Energie des Genius und erschaffen die sichtbare und unsichtbare Welt. Nach so und
so viel Tausend Jahren entsteht Brahmâ, aus den Theilen
des Eies Himmel und Erde u. s. w. Die ausschweifende
Phantasie verbindet das nicht Zusammengehörende und ver-
dunkelt mehr und mehr die ursprünglich so consequenten
Ideen der Sânkhya.

Ich habe oben die dauernde Verbinduug eines kraftartigen Atoms mit den stoffartigen als charakteristisches
Kennzeichen der Idee des Urleibes hervorgehoben. Diese
Idee beruht auf dem Bestreben, den reinen Kraft-Begriff
unabhängig von aller sinnlichen Bedingtheit zu erfassen,
indem die Funktionen der Vernunft, des Bewußtseins und
der Empfindung als substantielle Besonderheiten hingestellt
werden, welche dem Wesen. der Seele fremd sind[27]). Fast
alle Attribute des Genius, denen wir in den Sânkhya-Tex-
ten begegnen — der Erkennende, der Bewußte, der Em-
pfindende — beziehen sich auf den Zustand des Genius,
in welchem er an die sinnliche Existenz gebunden ist. Das
letzte Ziel alles Seins, der Zweck der Befreiung ist die
vollständige, ewige Isolation des Genius (des kaivalya, vgl.
Kâr. 17. 68. Kap. I. 144), ein Zustand, welcher der Vernichtung der Seele (nirvâna), die Buddha lehrt, in der That
nahe steht. Das Gesetzbuch freilich läßt den isolirten Genius nach einem gewissen Zeitraume von Neuem zum Leben, d. h. zur sinnlichen Existenz erwachen. Beide Anschauungen aber stimmen darin überein, daß mit der Befreiung des Genius die Individualität vernichtet wird.
Der Genius nimmt einen neuen Urleib an.

Die Fortdauer — über die einzelne körperliche Existenz

---

[27]) Col. Ess. 155: The notion of an animated atom seems to be a
compromise between the refined dogma of an immaterial soul, and the diffi-
culty which a gross understanding finds in grasping the comprehension of
individual existence, unattached to matter.

hinaus — der Verbindung des Genius mit dem Urleibe, der Glaube an eine, wenn auch beschränkte, Unsterblichkeit der individuellen Seele ist die Voraussetzung des so consequent ausgebauten Systemes der Seelenwanderung. Der tief ethische Gehalt dieser Lehre leuchtet hell hervor aus dem seltsamen Gewande, in welches sich dieselbe kleidet. Die Wiedergeburt ist zugleich Wiedervergeltung, ohne darum die Zurechnungsfähigkeit des Individuums aufzuheben. Der Çûdra (der vierten Kaste der Dienenden angehörig) soll wissen, dafs er seine erbärmliche Existenz bösen Handlungen verdankt, die er in einer bevorzugteren Stellung verübt hat; zugleich aber erkenne er den Weg der Tugend, welcher aus diesem Labyrinth hinausführt.

Im Gesetzbuche vermissen wir eine strenge Unterscheidung zwischen der Seele und dem Urleibe; die Fortdauer der individuellen Seele über diesen Körper hinaus ist vielfach ausgesprochen. Nachdem in v. 43—48 des ersten Buches die bekannte Klassifikation der Wesen in solche, die aus Embryo (dem Chorion: jaràyu), die aus dem Ei, aus warmer Feuchtigkeit und aus Keimen entstehen — cf. Ved. Sâ. 70, 71 — angeführt worden, fährt der Text fort: „Diese mit vielgestaltiger, durch das Handeln bestimmter Finsternifs umkleidete Wesen sind vernünftige (d. h. inneres Bewufstsein besitzende), mit Lust und Schmerz, (d. h. mit der Empfindung von Lust und Schmerz) begabt."

Hier tritt also das innere Bewufstsein und die Empfindung des Angenehmen und Unangenehmen als der Seele angehörig in scharfen Gegensatz zu der körperlichen Form, welche mit einer dichterischen Wendung als die den hellen Kern umgebende Finsternifs bezeichnet wird [28]).

„Der Asket, lesen wir VI. 61 f., möge betrachten die

---

[28]) Die Kommentatoren und auf sie gestützt die Uebersetzer verstehen unter „diese" — etc. — nur die Thiere und die Pflanzen, indem sie tâmasârûpeṇa auf die sogenannte Qualität beziehen, eine Unterscheidung, welche um so weniger zu rechtfertigen ist, als die in XII. 41—50 vorliegende Klassifikation der Wesen nach den drei Qualitäten unter den der dunkeln Stufe angehörigen Wesen nicht nur Pflanzen und Thiere, sondern auch Menschen, çûdra's, mlechha's u. s. w. aufzählt.

Wanderungen der Seelen, die aus den bösen Handlungen
hervorgehen, ihren Fall in die Hölle und die Qualen derselben in dem Reiche des Yama; die Trennung von denen,
welche sie lieben und die Vereinigung mit denen, welche
sie hassen, die Ueberwältigung durch das Alter und die
Bedrängnisse durch die Krankheiten; das Hinausgehen aus
diesem Körper und wiederum die Geburt in dem Mutter-
leibe und die Wanderungen dieser Seele (des innern Selbst)
durch zehn Tausend Millionen von Leibern." Und v. 73:
Er möge in tiefem Nachdenken die Wanderungen dieser
Seele (des innern Selbst) in hohen und niedern Wesen betrachten, die für unvorbereitete Geister schwer zu erkennende" [19]).

„Wohl denken die Frevler: Niemand sieht uns! Aber
die Götter beobachten sie und ihr innerer Mensch" (d. h.
ihre Seele). „Während du, o Trefflicher, denkst: Ich bin
allein! weilt dir stets im Herzen der Einsiedler, der das
Reine und den Frevel sieht." VIII. 85, 91. Hier wird
die Seele gleichsam als innerer Richter, als Yama (VIII.
92) betrachtet. Die Befriedigung jenes innern Selbst wird
in IV. 161 als Merkmal einer guten Handlung bezeichnet;
wie in dem Mahâbhârata: „Wessen Genius im Herzen wei-
lend als Zeuge des Handelns sich freut" [30]).

Den Zusammenhang dieser Anschauungen erklärt die
sehr merkwürdige Stelle im 12ten Buche des Gesetzes.
Bhrigu setzt daselbst die Folgen der Handlungen auseinander und nachdem er gesagt, der Mensch müsse zu einer
dreifachen Herrschaft über seinen Körper, über seine Rede

---

[19]) Dagegen heifst es VI. 65: „Und er betrachte mittelst Nachdenken
die Feinheit der höchsten Seele und ihre Geburt in den höchsten wie in den
niedrigsten Körpern." Hier tritt die Allseele, paramâtma, an die Stelle der
individuellen Seele. antarâtma in v. 63 u. 75; es sind also nicht die vielen
Einzelseelen, welche in den verschiedensten Körpern wiedergeboren werden;
sondern nur Eine höchste Seele. Diese vedântistische Anschauung ist dem
Gesetzbuche fremd und steht im Gegensatze zu den herrschenden Ansichten.
paramâtmâ findet sich nur VI. 65; vgl. XII. 122 purusha para.

[30]) M. Bh. hridisthitaḥ karmasâkshî kshetrajno yasya tushyati, vgl. M.
VIII. 84 âtmaivahyâtmanaḥ sâkshî gatirâtmâ tathâtmanaḥ | mâvamaṅsthâḥ
svamâtmânaṃ nriyâṃ sâkshiyamuttamam.

und über sein Herz gelangen — eine Unterscheidung, welche in der buddhistischen Lehre eine grofse Rolle spielt — führt er fort: Feldkenner nennen sie denjenigen, der unser Selbst zum Handeln antreibt; was aber die Handlungen ausführt, das wird von den Weisen das elementare Selbst genaunt." Feldkenner heifst hier wie auch VIII. 96 und in dem aus dem Mahâbhârata angeführten Verse der Genius, insofern er das Feld, d. h. die Natur mit ihren Modifikationen kennt [31]).

Die Seele ist aber nicht nur von dem Körper unterschieden; „ein anderes und zwar ein inneres Selbst, das Lebendige genaunt, allen Bekörperten eingeboren, ist es, mittelst dessen die Seele in den Geschöpfen alles, Angenehmes wie Unangenehmes wahrnimmt." Die Scheidung zwischen der wissenden Seele und der lebendigen, welche die Empfindung und Wahrnehmung vermittelt, ist natürlich nur eine scheinbare; es entspricht diese Auffassung dem oben charakterisirten Verfahren der indischen Philosophie, die Funktionen der Kraft als substanticll von derselben getrennt zu setzen. Kapila belehrt uns, der Genius sei lebendig, insofern er dem Urleibe inhärire, da er ja der

---

[31]) Bh. G. XIII. 5, 6. mahâbhûtânyahañkâro buddhiravyayameva ca [indriyâui daçaikam ca pañcacendriyagocarâḥ || icchâdveshaḥ sukhamduḥkham sañghâtaçcetanâ dhçitiḥ | etat kshetram samâsena savikâram udâhçitam. Schlegel übersetzt: Terrenum mutationibus obnoxium anstatt: das Feld sammt dessen Modifikationen. In diesem Sinne beginnt das angeführte Kapitel: idam çariram kshetramityabhidhiyate | etadyovetti tam prähuḥ kshetrajnam iti tadvidaḥ. Dieser Körper (die Natur mit den aus ihr entfalteten Prinzipien als Körper des Genius) wird „Feld" genannt; wer dieses kennt, den nennen die Wissenden „Feldkenner". Inwiefern der Genius nicht selbst Agens, wohl aber der Grund des Agens ist, haben wir oben (S. 6 f.) gezeigt. Es ist auffallend, dafs das Gesetzbuch nicht das „Feld" dem Feldkenner gegenüberstellt, sondern den bhûtâtma, welches Wort die Kommentare einstimmig durch elementaren Körper erklären. Medh. sagt çarirâkbyaḥ karttâ, während er bhûtâtma in V. 109, cf. Yajn. III. 33, 34, durch çarirâtma, Jones: vital spirit übersetzt. Nach Nirukta XIV. 3 nannten Einige die Natur, bhûtaprakçiti, auch bhûtâtmâ. Wilson s. v. sagt: 1) The body, 2) Brahmâ, 3) a name of Çiva, 4) war, conflict, 5) The elementary or vital principle, or the proximate cause of life and action. Hier soll aber nicht die Ursache des Handelns, sondern der Handelnde selbst bezeichnet werden, wie in der von Râgh. citirten Stelle aus Çvetâçvatara-Up.: karttâ so'yambhûtâtmâ karanaiḥ kârayitâ'ntaḥpurushaḥ. Cf. Tat. Sam. 48.

Verbindung und Trennung von demselben unterworfen sei;
„der Lebendige" ist also nichts Anderes als die individuelle
Seele [32]).

4. Die Lehre von der Seelenwanderung und die drei Qualitäten.

Die Idee der individuellen Seele oder, um mit Kapila
zu reden, der dauernden Verbindung des Genius mit einem
Urleibe ist die Voraussetzung der Lehre von der Seelenwanderung, da ohne sie eine Kontinuität zwischen zweien
oder mehreren Verkörperungen desselben Genius undenkbar und auch zwecklos sein würde. Der Glaube an die
Fortdauer der persönlichen Seele diente der indischen Welt

[32]) Vijn. erklärt Kap. VI. 63 viçishṭasya jivatvam anvyavyatirekât also:
jivatvam prâṇitvaṃ tuccâhaũkâraviçishṭapurushasya dharmo na tu kevalapu-
rushasya, und umschreibt jîva im Kom. zu I. 97 vîçeshakâryeshvapi jivânâm
(s. S. 7) durch antaḥkaraṇapratibimbitacetanânâm. — Die Kommentatoren
sind reich an Hypothesen, welche v. 14 und im Zusammenhang mit demselben v. 18, 19 erklären sollen. Diese beiden, sagt Knll., das Grofse (für
mahân) und der Feldkenner, mit den Elementen umgeben, existiren in der
Vereinigung mit der in allen Wesen weilenden Allseele. sarveshu bhûteshu sthitam tam auf den paramâtma zu beziehen, ist um so kühner, als hier
von demselben keine Rede ist (paramâtmâ findet sich nur VI. 65); einen
verständlichen Sinn giebt die Erklärung Kullûka's nicht. Man wäre versucht,
in sarveshu bhûteshu sthitam einen Anklang an sahajuḥ sarvadehinâm zu finden; dann müfste man aber, um tâvubhau mahân kshetrajna eva ca zu verstehen, bhûtâtma durch mahân erklären. Râgh. sagt: mahân buddhistadupa-
lakshitam liñgaçariram | kshetrajnaḥ jivâtmâ | tâvubhau bhûtairârabdhamâna-
sthûlaçarîropâdânabhûtaiḥ sûkshmamâtrâbbiḥ | sampṛiktau samveshṭitau | uccâ-
vaceshu bhûteshu paũcikṛitabhûtârabdheshu sthûlaçarireshu madbye sthitaṃ
varttamânaṃ dehaṃ vyâpya. Wenn ferner in v. 18 tâvevobhau mahaujasau
wiederkehrt, so können doch nur die in 14 genannten tâvubhau mahân kshetrajna eva ca bezeichnet sein. Der Verlauf wäre also folgender: der Mensch
stirbt, die Seele nimmt einen andern Körper an, in welchem sie die Qualen
der Unterwelt erduldet. Von allem Makel gereinigt, verläfst sie diesen Körper und geht zu „diesen beiden Gewaltigen". (Vernunft und wissende Seele
oder wissende Seele und Allseele, beide Annahmen gleich undenkbar.) Diese
beiden sehen Tugend und Laster dieses (wessen? v. 22 ist jîva Subjekt), der
ja nach v. 18 vyapetakalmasha rein von Makel ist. Wir sehen, der augenscheinlich in Unordnung gerathene Text ist voll von Widersprüchen, die
schwerlich gelöst werden können, so lange wir nicht in der indischen Litteratur ähnliche Darstellungen finden.

als Korrektiv für die scheinbar ungerechte Vertheilung von
Glück und Unglück, von Lohn und Strafe in dem Leben
des Einzelnen; er bot zugleich eine, wenn auch auf man-
gelhaftem Wissen beruhende Verwirklichung der Idee des
Fortschritts und der Vervollkommnung, welche dem Indi-
viduum wie der Alleit eigenthümlich ist. Indem aber die
Wanderung der Seelen nicht auf das Gebiet des menschlichen Daseins beschränkt wurde, sondern alle Stufen der
Schöpfung nach unten, Thiere, Pflanzen und unorganische
Natur, wie nach oben, Geister- und Götterwelt umfaßte,
gab sie Zeugniß, wenn nicht von der Einheit, so doch
von der Einerleiheit des Kraftprinzips, auf dem alles Seiende
beruht.

In dem Gesetzbuche finden wir neben dem consequent
ausgebildeten System der Seelenwanderung, wie es die Sânkhya-Philosophie aufstellt, ältere symbolische Anschauungen, auf welche wir in erster Linie unsere Aufmerksamkeit richten müssen.

Den Grundgedanken der Wiedergeburt enthält XII.
81: „Welcher Art immer der Zustand der Seele (s. S. 21)
ist, in welchem der Mensch irgend eine Handlung thut,
derselben Art ist der Körper, in welchem er die Frucht
derselben genießt" [31]).

„Von Sünde und Tod ist das Schlimmere die Sünde;
der Sündhafte geht nach dem Tode nach Unten, der
Sündlose in den Himmel." Der Gang nach Oben und
der Gang nach Unten, das Aufsteigen in den Himmel und
der Fall in die Hölle ist die einfachste und roheste Form
dieser Anschauung [34]).

[31]) yâdṛiçena tu bhâvena yadyat karma nishevate | tâdṛiçena çarîreṇa
tattatphalamupâçnute. Cf. IV. 284.
[34]) M. VII. 53 vyasanasya ca mṛityoçca vyasanaṃ kashṭam ucyate |
vyasanyadho'dho vrajati svaryâtyavyasani mṛitaḥ. Nach oben (ûrddhvam) gehen, steht an einigen Stellen allgemein für „sterben". So II. 120 ûrddhvam
prâṇâ hyutkrâmanti yûnaḥ sthavira âyati und III. 169 apâṅktyadâne yo dâtur
bhavatyûrddhvam phalodayaḥ, oben d. h. nach dem Tode. So yatkarotyûrd-
dhvadehikam XI. 10. Der Himmel wird durch svar, svarga, div und diva
bezeichnet. IV. 246 jayet svargam, er wird den Himmel erlangen; V. 160
svargaṃ gacchati, er geht in den Himmel; VII. 78 paraṃ yânti svargam

Sobald aber die Lehre von der Seelenwanderung sich entwickelte, verschwand die Aunahme der Ewigkeit der Höllenstrafen und die Unterwelt wurde als eine Art Fegefeuer betrachtet, in welchem die Sünder je nach der Schwere ihrer Vergehen hundert oder tausend oder mehr Jahre (XI. 206, 207) zubringen mufsten, ehe ihre Seelen wiedergeboren wurden. „Wenn sie (d. h. die Seele), sagt das Gesetzbuch, viel Tugend und wenig Untugend übt, so geniefst sie im Himmel das Glück, mit diesen Elementen umgeben, d. h. in einem elementaren Körper; wenn sie aber wenig Tugend und viel Untugend übt, so fällt sie den Qualen des Yama (des Richters der Unterwelt) anheim, von diesen Elementen verlassen. (XII. 20 sq.) ³⁵). Nachdem

---

aparâṇmukhâ, sie gehen mit erbobenem Antlitz in den höchsten Himmel; XI. 6 svargaṃ samaçnute; V. 155 svarge mahîyate, er wird in den Himmel erhöht (VIII. 75 svargâcca hîyate, er wird aus dem Himmel herabgestürzt); divi II. 232 (s. n. 40), divaṃ gatâni V. 159, yânti XI. 240 sogar von Pflanzeu und Thieren. Die Bezeichnung „nach unten gehen" findet sich häufig. So VI. 35, 37; vrajatyadhaḥ VII. 53; patatyadhaḥ XI. 172; nimajjato'dhastât IV. 194. In die Hölle gehen: III. 172, 249, IV. 87, 285, VIII. 128, 307, 313, pratipadyate II. 116, XI. 206, patati XI. 37; vaset XI. 207; avâṇarakamabhyeti pretya VIII. 75; avâkçiraḥ narakaṃ vrajet VIII. 94. Ein und zwanzig verschiedene Höllen werden IV. 88—90 aufgezählt.

³⁵) yadyâcarati dharmaṃ sa prâyaço'dharmamalpaçaḥ | tairevacâvṛito bhûtaiḥ svarge sukhamupâçnute ‖ yadi tu prâyaço'dharmaṃ sevate dharmaṃ alpaçaḥ | tairbhûtaiḥ sa parityakto yâmîḥ prâpnoti yâtanâḥ. Die Qualen des Yama werden auch v. 17 genannt; in VI. 61 yâtanâçca yamakshaye „und die Qualen im Reiche des Yama". , An andern Stellen III. 211, V. 96, VII. 4. IX. 308 wird er als einer der acht Welthüter genannt, der den Süden — und das ist ja die Region der Unterwelt — beherrscht. IX. 307 wird er mit dem König verglichen: yathâ yamaḥ priyadveshyau prâpte kâle nivacchati „wie Yama, wenn die Zeit gekommen ist, Freund und Feind zügelt", so solle auch der König thun. Nir. X. 20 citirt einen Vers, welcher den Yama König. Zusammenführer der Menschen nennt (conf. Rig-Veda I. 96, 6). vaivasvataṃ saṃgamanaṃ janânâṃ yamaṃ râjânam. M. VIII. 92 sagt: Yama, der Sohn des Vivasvata, der Gott. der dir im Herzen weilt, wenn du mit dem nicht in Widerspruch, so gehe nicht (d. h. so hast du nicht nöthig) zur Gangâ noch zu den Kuru's. yamo vaivasvato devo yastavaisha hridisthitaḥ | tena cedavivâdaste mâ gangâmmâ kurûn gumaḥ. Yama also, Richter der Menschen nach dem Tode und Todtengott (antaka III. 87) wird zugleich als innerer Richter aufgefaßt. Ob die Bezeichnung des Südens als Unterwelt und Sitz des Yama mit der Hitze des südlichen Klimas — Feuerqualen spielen eine wichtige Rolle unter den Höllenstrafen — zusammenhängt, ist die Frage. Nir. a. a. O. sagt: agnirapi yama ucyate; das Beiwort: Sohn des Vivasvat, der Sonne, könnte in dem Sinne gedeutet werden.

aber die Seele die Qualen des Yama überstanden hat, geht sie, von Makel gereinigt, wiederum in Theile dieser fünf Elemente ein", d. h. nimmt einen elementaren Körper an. Kurz vorher aber heifst es: „Nach dem Tode böshandelnder Menschen entsteht sogleich aus den fünf (elementaren) Substanzen ein anderer, zum Erdulden der Qualen bestimmter Körper. Nachdem mittelst dieses Körpers die Qualen des Yama überstanden sind, löst er sich wiederum in die Theile der fünf Substanzen auf [36])." Dafs die Seelen in Körpergestalt in die Hölle fahren, deutet auch folgende Stelle an:„ Die Sünder verfallen dem Aufenthalte in den schrecklichen Höllen, in dem Tàmisra (M. IV. 88, 165. Yaj. III. 222) u. s. w., in dem Walde mit schwertähnlichen Blättern u. s. w. und dem Binden und Schneiden (Höllen, in welchen die Glieder gebunden und abgeschnitten werden), und mannigfaltigen Qualen und dem Verschlungenwerden von Krähen und Eulen, und der Gluth von Sandkuchen (oder von glühenden Kuchen, die sie essen und glühenden Sand, über welchen sie gehen müssen) und dem Gebranntwerden in glühenden Töpfen." (XII. 75, 76.) Alles das sind ja Experimente, welche einen materiellen Körper voraussetzen.

---

[36]) XII. 16 pañcabhya eva màtràbhyaḥ pretya dushkṛtinâṃ nṛiṇàm | çariraṃ yàtanàrthiyamanyadutpadyate dhruvam. 17. tenànubhûya tà yàmìḥ çarireha yàtanàḥ | tàsveva bhûtamàtràsu praliyante vibhàgaçaḥ. Medh. sagt: anubhûya tena pàñcabhautikena çarireṇa | tûni çarîràṇi punaḥ praliyante tàsu. Jones aber übersetzt: and, being intimately united with those minute nervous particles, according to their distribution, they shall feel, in that new body, the pangs inflicted in each case by the sentence of Yama, nach Kull.'s Erklärung: tena nirgatena çarireṇa tà yamakáritâyàtanà dushkṛitino jivàḥ sûkshmànubhûtasthûlaçariranàçe (?) teshverârambhakabhûtabhàgeshu yathà svampraciyante (?) tatsaṃyogino bhûtvà avatishṭanta ityarthaḥ. Wenn Kull. nicht einen andern Text vor sich hatte, so wurde er zu dieser abstrusen Uebersetzung durch das Bestreben verleitet, die Wiederholung so'nubhûys sukhodarkàn doshàn u. s. w. zu vermeiden. Wir aber haben kein Interesse, ihm auf diesem Wege zu folgen, da für uns die Unfehlbarkeit des Gesetzbuches glücklicher Weise kein Glaubenssatz ist. Ich bemerke nur Eins: in v. 16 ist çariram Subjekt; in v. 17 mufs çarîràṇi oder sonst eine allgemeine Bezeichnung für Mensch ergänzt werden, nicht jivàḥ, wie Kull. meint; in v. 18 endlich ist „sa" Subjekt, d. h. jivàḥ. M. Duncker Geschichte d. Alt. II. 74 schreibt: Hier (in der Hölle) werden die Seelen von Eulen und Raben zerhackt u. s. w.

Ebensowenig wie die Qualen der Hölle ist die Seele im Stande, die Freuden des Himmels zu empfinden, wenn sie nicht von einem elementaren Körper umkleidet ist. Die Andeutungen über die Art dieses Körpers sind freilich ziemlich spärlich im Gesetzbuche. In dem oben citirten Verse (XII. 20 cf. n. 33) heifst es, die Seele geniefse die Freuden des Himmels „von diesen Elementen umhüllt“, d. h. mit einem aus den fünf Elementen bestehenden Körper [37]).

An die Stelle dieser ebenso einfachen als rohen Vorstellung tritt aber in mehreren anderen Versen eine wesentlich verfeinerte. Es ist ein luftförmiger, glänzender Körper, mit dem bekleidet die Seele in den Himmel eingeht. „Die Tugend, heifst es, führt den Menschen, der ihr ergeben ist, frei von Makel in die andere Welt, den leuchtenden, mit einem Luft-Körper begabten“ [38]). Und ferner „der Brâhmane, welcher alle Wesen ehrt, gelangt geraden Wegs zum höchsten Aufenthalte, in Glanzgestalt“ [39]). Ebenso „der Hausvater, welcher diese drei heiligen Feuer nicht vernachlässigt, wird die drei Welten überwältigen; glänzend an Gestalt freut er sich im Himmel göttergleich“ [40]). Wie in den beiden letzten Versen das Feuer, so wird in dem folgenden die Luft als einziger Bestandtheil dieses himmlischen Körpers angegeben. „Wer drei Jahre lang Tag für Tag unermüdet dieses Gebet (die

---

[37]) So Kull., der hinzufügt, die Seele behalte ihren menschlichen Körper: sa yadi jivo mânushadaçâyâmbâhulyena dharmamanutishṭati tadâ taireva prithivyâdibhûtaiḥ sthûlaçarirarûpatayâparipatairyuktaḥ svargasukhamanubhavati | yadi punaḥ sa jivo mânushadaçâyâmbâhulyena pâpamanutishṭati tadâ tairevabhûtairmânushadeharûpatayâparipataistyakto mṛitaḥ samnanantarampañcabhya eva mâtrâbhya ityuktaritýâyàtanânubhavocitasampâtakaṭhinadeho yâmiḥ piḍâ anubhavati. Râgh. will, der himmlische Körper bestehe aus den Urelementen (Jones: clothes with a body formed of pure elementary particles) und erklärt bhûta in v. 20 durch liṅgadehaghaṭakabhûta, in v. 21 dagegen durch aihikaçarirârambhakabhûtaiḥ | athavâ bhûtaiḥ bhûtârubdhaiḥ pushkalairindriyaiḥ.

[38]) IV. 243 dharmapradhânam purusham tapasâ hatakilvisham | paralokam nayatyâçu bhâsvantam khaçaririnam ||

[39]) III. 93 evam yaḥ sarvabhûtâni brâhmano nityamarcati | sa gacchati param sthânam tejomûrtiḥ patharjunâ ||

[40]) II. 232 trishvapramâdyanneteshu trin lokân vijayed grihî | dipyamânaḥ svavapushâ devavaddivi modate ||

såvitrî, Hymne an die Sonne) hersagt, der geht zu dem
höchsten Bráhma, Wind geworden, in Luftge-
stalt"[41]). Bedeutungsvoll ist in diesem Verse der Umstand,
dafs an die Stelle der unbestimmten Ausdrücke„ Himmel, andere Welt" u. s. w. der Ausdruck „Bráhma" (neutrum) tritt,
so dafs wir die Frage beantworten können, was eigentlich
das Gesetzbuch unter diesem räthselhaften Wesen verstehe.
Denn diejenige Form, in welcher sich die Seelen mit dem
Brahma vereinigen, mufs zugleich die Form des Brahma
selbst sein. Im Gesetzbuche ist das Bráhma — wohl zu
unterscheiden von dem Brahmá, dem aus dem Ei geboren-
nen Herrn der Welt — nicht eine Abstraktion, nicht die
„reine Idee der Gottheit" (Schlegel Ind. Bibl. II. 422),
nicht der Geist als absolutes Sein, von welchem die Vedânta-Philosophie ausgeht, nicht das „göttliche Wort" oder
„die reine Weltseele". (Westergaard, Zwei Abh. p. 19 f.
Duncker a. a. O. p. 66 f. unterscheidet nicht genug zwischen dem ·Bráhma als Neutr. und dem Brahmá als Masc.
vgl. p. 69 die Welt emanirt nicht aus dem Brahmá, sondern aus dem Bráhma.) Brahma ist die Weltsubstanz,
etwa leuchtender 'Aether, aus welcher alles Seiende entfaltet wurde. Nur in diesem Sinne kann von einem „Brahma-
artigen Leibe" gesprochen werden [42]). Wenn also in dem
Gesetzbuche von der Vereinigung mit Bráhma gesprochen
wird, so haben wir nicht an eine rein geistige Existenz zu
denken [43]).

------

[41]) II. 82 yo'dhite'hanyahanyetáṃ trîṇi varshâṇyatandritaḥ | sa brahma
paramabhyeti vâyubhûtaḥ khamûrtimán ||
[42]) II. 28 bráhmiyaṃ kriyate tanuḥ sc. yajnaiḥ. Loiseleur übersetzt:
„L'étude du Véda etc. préparent le corps à l'absorption dans l'Être divin!"
im Vertrauen auf Kullúka's widersinnige Erklärung: bráhmî brahmapráptiyo-
gye'yaṃtanuḥ tanvavachinnâ átmá kriyate karmasahakṛitabrahmajnânena
mokshâvápteḥ. Dagegen sagt er zu IV. 243 (s. oben) paralokaṃ nayati
brahmasvargâdirûpam | kham brahmetyâdyupanishatsu khaçabdasya brah-
maṇi prayogaḥ | khaçaririyam brahmasvarûpam.
[43]) I. 98 brahmabhûyâya kalpate cf. XII. 123; VI. 79 brahmâbbyeti
sanátanam; VI. 85 brahmâdhigacchati param; XII. 125 brahmâbhyeti param
padam; VI. 81 brahmanyevávatishṭate; IV. 232 brahmasârshṭitám ûpnoti u. s. w.
Ob brahmaloke mahîyate VI. 32; IV. 182, 260; sa gacchati brahmaṇaḥ sadma
çâçvatam II. 244 auf die Welt des Brahmá zu beziehen, ist zweifelhft. Das

Im Zusammenhang mit den im Vorstehenden entwik-
kelten Anschauungen von Himmel und Hölle beschränkte
sich die Seelenwanderung auf den Kreis der elementaren
Schöpfung; ob hier bereits ein Uebergehen der Seelen in
Thier-, Pflanzen- und unorganische Körper angenommen
wurde, vermögen wir nicht mit Bestimmtheit zu entschei-
den, wenngleich die Grundansicht von der Einheit der Natur eine solche Annahme wahrscheinlich macht (S. 8).
Als sich aber im Laufe der geistigen Entwicklung die eigenthümliche Idee der Individualität der Seele bestimmt
ausprägte, mußten die mehr poetischen und mythologischen Anschauungen ausgeschieden werden zu Gunsten einer konsequenten Durchführung der Lehre von der Seelenwanderung. Stand ja auch die Lehre von der Hölle in
einem inneren Widerspruch zu der von der Seelenwanderung; wenn die Sünden bereits durch die Qualen in der
Unterwelt getilgt werden, wefshalb erfolgt die Wiedergeburt, insofern die Wiedergeburt als solche ein
Uebel ist? Offenbar, der indische Geist hatte bis dahin
die mangelhafte Kenntnifs der wirklichen Welt durch Phan-
tasien über das Jenseits zu ersetzen gesucht; die Sànkhya-
Philosophie aber zwang ihn zur Einkehr in die Welt des
Seienden. Der Dualismus der Sânkhya — dessen Idee in
der Bráhma-Substanz embryonisch eingeschlossen lag —
war für das indische Bewufstsein ein bedeutender Fort-

Wort bráhma findet sich häufig im Gesetzbuche in der dem Gebrauche im
RV. entsprechenden Bedeutung von „heiliger Wissenschaft" d. h. Kenntnifs
des Veda. So II. 87, 58, 59, 70, 71, 81; VI. 39 u. s. w. Nach Roth,
Brahma und die Brahmanen, bezeichnet Brahma (neutr.) im RV. „Audacht,
Gebet", nicht das absolute Sein oder das Heilige überhaupt (Duncker a. a. O.
p. 66). Wäre das Brahma der reine Geist, wie könnte der Veda von einem
„Herrn des Brahma", Brahmanaspati oder Brihaspati, reden! Je vieldeutiger
das Wort ist, um so wichtiger ist es, strenge zu scheiden, um nicht nach
Art der indischen Kommentatoren Ideen der späteren Zeit in Werke einer
früheren Periode hineinzutragen und auf diese Weise alle historische Kritik
unmöglich zu machen. Man vergesse nie die Worte Roth's: „Man könnte
diesen Begriff (des Bráhma) das Maafs nennen, an welchem der Fortschritt
des auf das Göttliche gerichteten Bewufstseins sich messen läfst, indem er
auf jeder neuen Stufe desselben eine andere Gestalt gewonnen, aber immer
dasjenige in sich beschlossen hat, was die höchste, geistige Errungenschaft
des Volkes war." Zeitschr. d. D. M. Ges. I. 68.

schritt, indem er zuerst die Begriffe von Kraft und Stoff
prinzipiell zu scheiden unternahm. Von einer Seelenwanderung im engern Sinne kann nur im Gebiete der
Sànkhya-Philosophie die Rede sein. Mochten nach frü-
hern Anschauungen die Guten den Weg nach Oben be-
schreiten, um in dieser oder jener Götterwelt den Lohn
ihres irdischen Thuns zu empfangen, die Bösen aber in
den zahlreichen Höllen der Qual verfallen; mochte später
die Idee der Einheit alles Seienden sich in jener höchsten
und feinsten Bráhma-Substanz verkörpern, diese Idee des
Bráhma wie einen Zauber über die Gedankenwelt des Volkes ausübend, die Höllen zu Orten der Prüfung, die Himmel zu Stationen auf dem Wege nach der Vereinigung mit
Bráhma umgestalten: die unbewufste Annahme der Identität von Kraft und Stoff hielt das indische Denken in dem
Kreise der sinnlichen Anschauung gefangen. Die Sànkhya
löste die Bráhma-Substanz in Kraft und Stoff, das Indi-
viduum in Seele und Leib auf. Die Idee der individuellen Seelen ist früher erörtert worden. Ohne diese ist die
Seelenwanderung ein leeres Wort. Wenn nach vedàntisti-
schen Anschauungen die Seele gleichsam nur ein Funke
ist, der aus dem absoluten Geiste ausströmt und wieder
in denselben zurückkehrt, wenn der Leib nur wesenloser
Schein, welchen Anhalt soll da die Idee der Kontinuität
der Einzelseele in verschiedenen Körpern finden?

Die vollständige Lehre von der Seelenwanderung finden wir im zwölften und wahrscheinlich spätesten Buche
des Mànava-Werkes. Hier, wie in der Sànkhya, bezeichnet der Weg nach Unten die Verkörperung der Seele im
Gebiete der Thier-, Pflanzen- und unorganischen Welt;
der Weg nach Oben die Wiedergeburt als gute Geister
und Götter; der Zweck ist die Befreiung von jeder Wiedergeburt.

Die Dreitheilung der Welt in Ober-, Mittel- und Un-
ter-Welt, sowie die Charakteristik der einzelnen Regionen
knüpft äufserlich allerdings an rein sinnliche Wahrnehmun-
gen an; die Sànkhya aber, indem sie sich ganz desselben

logischen Verfahrens, welches wir oben (p. 11 f.) erörtert haben, bedient, führt drei Reihen von Grundeigenschaften, welche allem Seienden (d. h. allen aus der Natur entwickelten primären und sekundären Prinzipien und den Einzelwesen) zukommen, auf drei Urstoffe zurück: We-senheit, Leidenschaft und Finsternifs, drei Fäden (guṇa), aus deren Verbindung alles Seiende besteht. „Der Mensch, sagt das Gesetzbuch, möge Wesenheit, Leiden-schaft und Finsternifs als die drei Substanzen seines Selbst erkennen" [44]).

„Wesenheit, sagt Manu, ist Wissen (Erkenntnifs und Bewufstsein), Finsternifs Unwissenheit, Leidenschaft Hafs und Liebe" [45]). Und Ìçvarkṛishṇa nennt die erste „erleuch-tend", die zweite „thätig", die dritte „hemmend".

Ebenso übereinstimmend sind die Sânkhya-Texte und das Mânava-Werk in Bezug auf die Wirkungen, an wel-chen die einzelnen Substanzen zu erkennen sind.

„Was sich im Innern kundgiebt als von Freude (in-nerer Zufriedenheit) begleitet, ungetrübt wie reiner Glanz, das soll er als Wesenheit erkennen. Was aber mit

---

[44]) M. XII. 24 sattvaṃ rajastamaçcaiva trinvidyâtâtmano guṇân. âtma bezeichnet hier weder „l'âme (c'est-à-dire l'intelligence)", wie Loiseleur, noch „the rational soul", wie Jones übersetzt — die Seele als solche ist nicht triguṇa, cf. Kap. VI. 10 --, sondern steht für das pron. refl. mit Beziehung auf das Subjekt von v. 28 und v. 11. Guṇa bezeichnet ursprünglich die Fä-den eines Strickes, also Bestandtheil, dann Eigenthümlichkeit, Eigenschaft; in letzterer Bedeutung wird das Wort gewöhnlich gebraucht. Die Sânkhya aber, indem sie die drei Urstoffe bezeichnete, ging von der ursprünglichen Bedeutung aus, worauf bereits Colebrooke Ess. p. 157 hingewiesen. Vijn. zu Kap. I. 61 schreibt: sattvâdini dravyâṇi na vaiçeshikâ guṇâḥ saṃyogavibhâ-gavattvât | laghatvacalatvagurutvâdidharmakatvâcca | teshvatra çâstre çrutyâ-dau ca guṇaçabdaḥ purushopakaraṇatvât purushapaçubandhakatriguṇâtmakama-hadâdirajjunirmâtṛitvâcca prayujyate. Wesenheit u. s. w. sind Substanzen, nicht unterscheidende Eigenschaften, weil sie der Verbindung und Trennung unter-worfen sind und weil sie die Eigenthümlichkeit des Leicht-Seins, des Beweg-lich-Seins und des Schwer-Seins haben. Cf. Kâr. 13, Kap. I. 128. Sie heifsen guṇa, weil sie Werkzeuge des Genius sind und weil sie den Strick bilden, nämlich das aus den drei Substanzen bestehende Grofse, d. h. das Vernunftprinzip und die andern (Prinzipien), welche den Genius gleich einem Opferthier fesseln. Cf. Wilson S. Kâr. p. 53.

[45]) M. XII. 26 sattvaṃ jnânaṃ tamo'jnânaṃ râgadveshau rajaḥ smṛi-tam. Kâr. 12 prakâçapravṛittiniyamârthâḥ guṇâḥ, was der Kommentar um-schreibt durch prakâçakriyâsthitiçîlâḥ.

Schmerz verbunden ist und Trauer verursacht, das erkenne er als schwer zu verdrängende Leidenschaft, die stets die Bekörperten fesselt. Was endlich von Verwirrung begleitet ist, unbestimmt, am Sinnlichen haftend, unbegreiflich, unerkennbar, das möge er als Finsternifs erkennen" [46]).

Wir haben oben die drei Qualitäten als „Urstoffe" bezeichnet, wie früher die Natur. Welches Verhältnifs besteht zwischen der Natur und den Qualitäten? Um den Gedanken der Sànkhya in seiner Konsequenz aufzuzeigen, gehen wir von der Auffassung Kapila's aus. Die Natur, sagt er, ist das Gleichgewicht der drei Qualitäten", welchen Satz der Kommentar erklärt durch die Bemerkung, in der Natur befänden sich die drei Substanzen in einem solchen Verhältnifs, dafs weder ein Weniger noch ein Mehr stattfinde; und zwar sei dieser Zustand ein nichtbewirkter, d. h. ein ursprünglicher. Die Natur sei die ursprüngliche Gleichheit der drei Substanzen [47]).

Die Identität der Natur und der drei Qualitäten ist also aufser allem Zweifel; die drei Qualitäten sind die allgemeinsten Substrate alles Seienden, da sie die als real gesetzten allgemeinsten Eigenschaften in sich vereinigen. Sie bilden den Inhalt des Begriffes „Natur", auf den also die p. 11 f gegebene Erklärung ihre vollständige Anwendung findet. In der Kàrikà des Içvarakrishna finden wir freilich die Definition Kapila's noch nicht, wenn auch die Anschauung ganz dieselbe ist. „Die letzte Ursache

---

[46]) M. XII. 27 tatra yatprítisaṃyuktaṃ kiñcidâtmani lakshayet | praçântamiva çuddhâbhaṃ sattvaṃ tadupadhârayet ❘ 28 yattu duḥkhasamâyuktamaprítikaramâtmanaḥ | tadrajo'pratighaṃ vidyâtsatataṃ hâri dehinâm ❘❘ 29 yattu syânmohasaṃyuktamavyaktaṃ vishayâtmakam | apratarkyamavijnejaṃ tamastadupadhârayet. Cf. Kâr. 12 prítyaprítivishâdâtmakâḥ guṇâḥ. Tatt. Sam. 50 — 52, 69. Kap. I. 127.

[47]) Kap. I. 61 sattvarajastamasâṃ sâmyâvasthâ prakritiḥ. Vijn.: teshâṃ sattvâdidravyâṇâṃ yâ sâmyâvasthânyûnânatiriktâvasthâ | akâryâvastheti nishkarmhaḥ | a k â r y â v a s t h o p a l a k s h i t a ṃ guṇasâmânyam prakritirityarthaḥ | mahadâdayo'pi k â r y a s a t t v â d i r û p â ḥ purushopakaraṇatayâ guṇâcca bhavanti. In einem Citat aus dem Vishṇupurâṇa bei Kap. I. 62 heifst es triguṇaṃ tajjagadyoniḥ.

(der Welt), das Unentfaltete wirkt mittelst der drei Qualitäten [48]). Dafs die Trennung der Begriffe nur scheinbar ist, deutet der Kommentar mit den Worten an: Wie der Wald aus Bäumen, so besteht die Natur aus den Qualitäten.

Das Gesetzbuch bezeichnet die Form dieser Qualitäten als Substrat aller Wesen und Alles durchdringend [49]). Wir wissen aber, dafs die alles durchdringende Substanz die feinste und also solche die ursprünglichste ist.

Das ursprüngliche Gleichgewicht der Qualitäten wird im Momente der Schöpfung (s. S. 6) durch das Eindringen des Genius aufgehoben. Die drei Substanzen, welche in der Natur unentfaltet und unsichtbar waren, werden sichtbar in dem ersten entfalteten Prinzip, in der Vernunft [50]).

„Von den drei Qualitäten durchdrungen, sagt Manu, verweilt der Grofse (d. h. das Vernunftprinzip) in allen jenen Zuständen [51]).

Durch die Qualitäten also werden die Modifikationen der Prinzipien, die an sich einfach sind, hervorgebracht und zwar durch die verschiedene Mischung der Qualitäten, von denen die Kârikâ sagt, „sie überwinden, durchdringen, erzeugen, verbinden sich gegenseitig und existiren in einander" [52]).

Da das Substrat aller Wesen eine Mischung der drei Qualitäten, so folgt, dafs allem Seienden Wesenheit, Leidenschaft und Finsternifs zukommt; die Verschiedenheit der Wesen beruht auf dem Vorherrschen einer Qua-

---

[48]) Kâr. 16 kâraṇam astyavyaktam (M. I. 11) pravarttate triguṇataḥ. Tat. Sam. 69. Kap. I. 136.

[49]) M. XII. 26 etadvyâptimadeteshâṃ sarvabhûtâçritaṃ vapuḥ.

[50]) Vijñ. zu Kap. I. 136 mahattattvasya hi sukhâdirguṇaḥ sâkshâtkriyate prakṛiteçca guṇo'pi na sâkshâtkriyate.

[51]) M. XII. 24 sattvaṃ rajastamaçcaiva trîn vidyâdâtmano guṇân | yairvyâpyemân sthito bhâvân mahân sarvânaçeshataḥ. bhava kann sowohl Zustand überhaupt, als die oben genannten acht bhava der buddhi bezeichnen. Ganz dieselbe Anschauung finden wir Nir. XIII. 3.

[52]) Kâr. 12 anyonyâbhibhavâçrayajananamithunavṛittayaçca guṇâḥ. Cf. Kap. I. 127, 128.

lität. In den Göttern also herrscht die Wesenheit vor; sie sind aber nicht frei von Leidenschaft und Finsternifs, ebensowenig wie die unorganische Natur frei ist von We- senheit. „Wenn eine von diesen Eigenschaften durchaus überwiegt, dann macht sie in dem Bekörperten (d. h. der individuellen Seele) diese Eigenschaft vorherrschend" [53]).

Die Bezeichnungen: wesentlich, leidenschaftlich, fin- ster sind also immer nur relativ aufzufassen; wesenheitlich ist derjenige, in welchem die Wesenheit die überwiegende Qualität (oder Substanz) ist u. s. w. In diesem Sinne sagt Manu: „Die Wesenheitlichen (sc. Seelen) gehen in das Gottsein ein, die Leidenschaftlichen in das Menschsein, die Finstern in das Thiersein; das ist der dreifache Weg" [54]). Und fast mit denselben Worten sagen die Kârikâ und Ka- pila: Oben (oberhalb der Erdenwelt) ist die Schöpfung, die mit dem Brahmá beginnt und mit dem Starren aufhört, überwiegend Wesenheit, unten (eigentl. von der Wurzel an) ist sie überwiegend Finsternifs, in der Mitte überwie- gend Leidenschaft [55]).

Das Gesetzbuch unterscheidet innerhalb jeder der drei Reiche drei Stufen, so dafs also eine Neuntheilung zu Stande kommt. „Dieser durch die Qualitäten bestimmte dreifache Weg mufs wiederum als ein dreifacher erkannt werden, als

---

[53]) M. XII. 25 yoyadaishâ̱m gu̱no dehe sâkalyenâtiricyate | sa tadû tad- gu̱naprâya̱m ta̱m karoti çariri̱nam. Medh.: yadyapi sarva̱m tri gu̱na̱m tathâpi yo yadû gu̱ṇa̱ḥ sâkalyena kârtsyenâtiricyate | âdhikam prâp̱noti pûrvakarmâti çaya- vaçât | sa tadâ purushasya gu̱nântaramabhibhavati | ata̱ḥ çarîrntatgu̱naprâyo bhavati | tadiyamevadharmamâdarçayati gu̱ṇântara̱m jahâtîva.

[54]) M. XII. 40 devatva̱m sâttvikâ yânti manushyatva̱m ca râjasâ̱ḥ | ti- ryaktva̱m tâmasâ nityamityeshâ trividhâ gati̱ḥ.

[55]) Kâr. 54 ûrddhva̱m (Vijn. zu Kap. III. 48 bhûrlokâduparis̱rishti̱ḥ) sattvaviçâlastamoviçâleçen mûlata̱ḥ sarga̱ḥ (Vijn. zu Kap. III. 49 bhûrlokâda- dha̱ḥ) | madhye (Vijn. zu Kap. III. 50 bhûrloke) rajoviçâlo brahmâdistamba- paryanta̱ḥ. Cf. M. I. 50. Nach Kâr. 53 sind der Oberwelten acht: die des Brahmâ, des Prajâpati, des Mondes, des Indra, der Gandharven (M. XII. 47), der Rakshas (M. XII. 44), der Yaksha's (M. XII. 47) und der Piçâca's (M. XII. 44); die Menschenwelt ist nur eine; der Thierwelten fünf, nämlich: Haus- thiere, Wild, Vögel, Reptilien (auch Fische) und Pflanzen nebst den Minera- lien. tiryañc bedeutet ursprünglich das im Gegensatz zum aufrecht gehenden Menschen wagerecht gehende Thier und ist die Bedeutung wohl nur zum Zwecke der Klassifikation erweitert worden. S. n. 54.

unterer, mittlerer und oberer je nach dem Handeln und dem Wissen" **). Da jede Wiedergeburt (Weg) von dem Handeln und Wissen — die sich gegenseitig bedingen — abhängt, so erfahren wir nichts über die Norm dieser neuen Dreitheilung; es liegt aber auf der Hand, daſs die Stufen innerhalb der drei Reiche durch das schwächere oder stärkere Ueberwiegen der charakteristischen Qualität bedingt werden. Da die Bezeichnung der den neun Stufen angehörenden Wesen, wie dieselbe im Gesetzbuche vorliegt, keineswegs eine rein systematische ist, sondern eine praktische und nicht ohne Interesse für die Anschauungen der Zeit, so möge sie hier Platz finden **).

---

⁵⁶) M. XII. 41 trividhâ trividhaishâm tu vijneyâ gauṇikî gatiḥ | adhamâ madbyamâgryâ ca karmavidyâviçeshataḥ.

⁵⁷) Die unterste Stufe der Region der Finsternifs, auf welcher also die Qualitäten der Leidenschaft und Wesenheit im geringsten Maaſse vorhanden sind, besteht aus den unorganischen Stoffen und den Pflanzen (dem Starren I. 40), den Würmern und Insekten (I. 40), den Fischen (I. 39), den Schlangen (I. 37) und Schildkröten, den Hausthieren und dem Wild; die mittlere Stufe aus den Elephanten und Pferden, den Çûdra (Kaste der Dienenden, Lassen, Ind. Alt. I. 407, 797. M. I. 61) und den verworfenen Mleccha (den Barbaren, den nicht Sanskrit-sprechenden Fremden), den Löwen, Tiegern und Ebern (welche also noch höher stehen als die vierte Kaste und die Fremden, Lass. I. 354); die höchste Stufe der Region der Finsternifs bilden die wandernden Schauspieler, die Suparṇa (phantastische Vögel, wie der Garuḍa, der Fürst der Vögel, auf dem Vishṇu reitet, I. 37, hier vielleicht für Vogel überhaupt), die Gauner (purushâçcaiva dâmbhikâḥ), die Rakshas (cf. n. 55 Vampyre oder Dämonen, wie jener Râvaṇa, König von Lanka (Ceylon), der die Gemahlin Râma's, die Sitâ (Pflugschaar) raubte. I. 37) und die Piçâca (niedere, aber grausamere Dämonen, I. 37). Diese bilden den Uebergang zu der Region der Leidenschaft (der Menschheit), deren unterste Stufe besteht aus den Athleten (Faustkämpfer, X. 22) und Ringern, aus den Tänzern und den Waffenschmieden und aus den dem Spiel und Trunk Ergebenen; die mittlere Stufe bilden Könige und Krieger und die königlichen Hauspriester und die in Rede und Kampf Ausgezeichneten; die oberste Stufe aber die Gandharven (I. 37, himmlische Sänger und Diener des Indra), die Guhyaka's (Hüter der Schätze des Kuvera, des indischen Plutus), die Yaksha's (Diener des Kuvera, wie die vorhergehenden) und die Diener der Götter (vibudha) und sämmtliche Apsarasen (I. 37, die Gattinnen der Gandharven). Die erste Stufe der Welt der Wesenheit nehmen ein die Büſser, die frommen Bettler, die Brâhmanen (VI. 54, die im vierten Stadium des religiösen Lebens angelangt sind) und die Götterschaaren (wörtlich: die auf dem Götterwagen, vimâna, (wie der des Kuvera, pushpaka genannt) Fahrenden, (nach Medh. Götter des Luftraums) und die Sternbilder (die 28 Mondstationen oder die kleineren Sterne?) und die Daitya's (Asuren? I. 37. Wind. 1666: die Genien der 12 Sonnenhäuser); die zweite Stufe bilden die Opferer, die Ṛishi's (priesterliche Sänger und Heiligen), Götter, Gestirne (I. 38), Jahre (Jahreszeiten?)

Wir haben das Prinzip, auf welchem die Wiedergeburt auf den drei Wegen erfolgt, oben angedeutet; ebenso

und die Manen (I. 37. Bhg. IX. 25, X. 29. Wilson Vishṇu-purāṇa p. 320) und die Sādhya's (eine Art Halbgötter, I. 22; M. Bh. XII. 10994, V. 1261); die höchste Stufe der Wesenheit und also die absolut höchste Stelle nehmen ein der Brahmā, die Alles-Schaffenden (viçvasṛjo, pl. von viçvasṛj, sonst bekannter Beiname Brahmā's selbst; die Kommentare wollen unter viçv. den Marici und die andern von Manu (I. 34, 35) geschaffenen Groſs-Weisen versteben; aber Manu ist ja selbst von Brahmā geschaffen und kann also doch nicht höher stehen als sein Schöpfer. Wind. übersetzt: der Allschaffende.), das Recht (Gesetz), das Groſse und das Unentfaltete (s. n. 17). M. XII. 42 —50. Auf den ersten Blick fällt uns auf, daſs die in v. 40 (n. 51) aufgestellte Dreitheilung nicht beobachtet ist. Menschen — denn die Çūdra's und Mleccha's und die Gauner sind doch auch Menschen — sind der Region der Finsterniſs, Menschen — die Brāhmanischen Büſser — der Region der Wesenheit zugetheilt. Im Kom. zu Kār. 54 (n. 55) finden wir eine systematische Klassifikation, welche mit den Angaben des Gesetzbuches sehr schlecht stimmt. Von den Gandharven, Rakshas, Yaksha's und Piçāca's, deren Welten Gauḍapāda zu den oberen zählt, versetzt Manu die Gandharven und Yaksha's auf die oberste Stufe der Region der Leidenschaft, die beiden andern sogar in die Unterwelt. Das Gesetzbuch hielt sich dabei weniger an die wirkliche oder eingebildete Körperform, als an die Vorstellungen und Empfindungen, welche die einzelnen Wesen erregten. Und darin liegt das Interesse dieser Stelle. Die souveräne Verachtung gegen die unterjochten Eingeborenen (çūdra) und gegen die Fremden ist ebenso charakteristisch als die Nichterwähnung der dritten Kaste (vaiçya M. I. 90) der Ackerbauer und Handeltreibenden. Die „Vergötterung" der Brāhmanischen Büſser möchte man Brāhmanischen Elementen zuschreiben, wenn nicht so manche andere Züge — die Erwähnung der Waffenschmiede als der einzigen Handwerker, die Gleichstellung der in Rede und Kampf Ausgezeichneten, sowie der Könige und ihrer Hauspriester (die ja auch Brāhmanen waren), die verhältnifsmäfsig niedere Stellung der Veda's und die hohe des Rechtes (dharma v. 50), die Mifsachtung der Götter — an das Vorherrschen der Kriegerkaste, welcher die Stifter der Sānkhya und des Buddhismus angehören, erinnerten. Die höchste Stufe endlich bilden die zwei höchsten, substantiellen Prinzipien der Sānkhya, Vernunft und Natur (n. 17). Daſs unter den Stufen der Wiedergeburt (gati) auch unbelebte Wesen, wie Gestirne, Veda, Jahr u. s. w. genannt werden, macht Medh. stutzig und er wirft die Frage auf: wie man denn unbewuſste Wesen als Wiedergeburten bezeichnen könne? (Medh. ed. 49: nanuca gatyadhikāre kaḥ prasaṅgo'cetanānām.) Er kommt zum Schlusse, daſs es sich in diesem Falle verhalte, wie mit der Seele. Diese nämlich sei frei von den Qualitäten und doch nenne man die sie (die Seele) umgebenden (elementaren) Körper bewuſst, obwohl sie unbewuſst seien. (nirguṇaçca purushaḥ tadadhishṭitāni çarirāṇyacetanānyapi cetanānyucyante.) Bedenklicher schon scheint ihm die Nennung der Vernunft und des Unentfalteten (mahānavyakta eva ca); er weiſs sich nicht anders zu helfen, als die Anwendbarkeit von v. XII. 25 auf diese Stelle zu leugnen. In jenen beiden Prinzipien sei von Leidenschaft und Finsterniſs kein Ueberrest. Damit zerhaut er den Knoten, weil er ihn nicht lösen kann. Der Verfasser dachte sich wohl alle jene Dinge als beseelte Wesen, gerade wie er auch dem Starren, den Mineralien, Seelen zutheilte. Der Inder kannte „todte Materie" nicht, sondern nur Stufen der Kraft-Entwicklung und wenn man der indischen Philosophie den Vorwurf machen möchte, daſs sie die Kraft von dem Stoffe,

die Charakteristik der drei Wege. Das Gesetzbuch, indem
es praktische Zwecke verfolgt, und den Zusammenhang des
Gesetzes oder vielmehr des Rechtes mit jenen höchsten
Fragen nach dem Wesen, nach Vergangenheit und Zukunft
der Menschheit ins Licht setzen muſs, begnügt sich nicht,
wie die philosophischen Lehrbücher, mit jenen mehr allgemeinen Angaben. Es versucht vor Allem eine nähere Bestimmung der Handlungen, durch welche die Wege der
Seelenwanderung sich unterscheiden. Diese Charakteristik
aber beschränkt sich auf das Gebiet der Menschheit, innerhalb dessen wiederum (ähnlich wie in n. 48, 49, 50)
drei Stufen entsprechend den drei Qualitäten abgegränzt
werden.

„Wenn Jemand sich dessen, was er gethan hat, was
er thut und was er zu thun beabsichtigt, schämt, all das
Thun möge der Weise als mit der Qualität der Finsterniſs behaftet erkennen. Wenn Jemand durch sein Thun
in dieser Welt groſsen Ruhm zu erlangen trachtet, sich
aber über das Miſslingen nicht grämt, so muſs dies Thun
als leidenschaftliches erkannt werden. Die Handlung aber,
von der er wünscht, daſs Jedermann sie kenne, deren er sich
nicht schämt, indem er sie ausführt und über welche sein
Inneres (besseres Selbst) sich freut, die trägt das Merkmal
der Qualität der Wesenheit" [58]). Denn „das Merkmal der
Finsterniſs ist die Begierde, das der Leidenschaft Selbst-
sucht, das der Wesenheit Gerechtigkeit (Tugend). Das
Bessere von diesen (Dreien) ist das jedesmal folgende [59]).
In der eben angeführten Stelle ist im Gegensatz zu

---

d. h. ihrer Erscheinungsform trenne, so möge man bedenken, daſs gerade jene
Sonderung der Begriffe die unerläſsliche Vorbedingung einer unabhängigen
Entwicklung des Denkvermögens war.

[58]) M. XII. 35 yatkarma kritvā kurvañçca karishyañçcaiva lajjate | taj-
jneyaṃ vidushā sarvaṃ tāmasaṃ guṇalakshaṇam || 36 yenāsmin karmaṇā loke
khyātimicchati pushkalām | na ca çocatyasampattau tadvijneyaṃ tu rājasam ,
87 yatsarveṇecchati jñātuṃ yanna lajjati cācaran | yena tushyati cātmāsya
tatsattvaguṇalakshaṇam.

[59]) M. XII. 38 tamaso lakshaṇaṃ kāmo rajasastvartha ucyate | sat-
tvasya lakshaṇaṃ dharmaḥ çraishṭyameshāṃ yathākramam. Cf. XII 27—29
in n. 46. Aehnlich Kār. 44 dharmeṇa gamanamūrddhvraṃ gamanamadhastād-
bhavatyadharmeṇa.

den positiven Bestimmungen über Recht und Gesetz ein inneres, subjektives Regulativ, eine letzte Instanz in der Frage nach dem, was eigentlich Tugend sei, aufgestellt. Früher bereits haben wir die Stelle (VIII. 91) citirt: „Die Sünder denken: Niemand sieht uns, aber die Götter sehen sie und der eigene, innere Geist." Darum möge der Zeuge nicht lügen. Denn „die Seele ist ihr eigener Zeuge, die Seele ist ihre eigene Zuflucht; verachtet nicht die eigene Seele, den höchsten Zeugen der Menschen!" (ib. 84.) Und ferner: „Du, o Lieber, denkst: Ich bin allein! Dir im Herzen aber weilt stets jener Recht und Unrecht sehende Einsiedler! [60]) Der Gott, Yama Vaivasvata, ist es, der dir im Herzen weilt; wenn du mit dem nicht in Widerspruch bist, so gehe nicht zur Gangâ, nicht zu den Kuru's. Den Kopf nach unten, soll der Sünder in die schwarze (blinde) Finsternifs, in die Hölle stürzen, der bei der Entscheidung über eine Rechtsfrage eine falsche Aussage machen sollte" (ib. 91—94). Wessen wissende Seele (Feldkenner) nicht zweifelt, während er spricht, einen bessern Mann als ihn kennen die Götter nicht" (ib. 96). Welchen Werth die indischen Rechtslehrer auf diese innere Befriedigung als Begleiterin und Folge einer guten Handlung legen, beweist folgender Vers: „Quelle des Rechtes ist der ganze Veda und die Ueberlieferung und die Handlungen der den Veda Kennenden, und die Vorschrift der Guten und die eigene Befriedigung" [61]). In gleichem Sinne sagt Manu: „Wessen Gemüth bedrückt ist, nachdem er eine Handlung gethan hat, der möge solange Bufse thun, bis dieselbe Zufriedenheit erzeugt" [62]). Dieses Gefühl, welches uns anzeigt, dafs wir Unrecht gethan, wenn auch der Verstand

---

[60]) Jones: O friend to virtue, that supreme spirit, which thou believest one and the same with thyself, resides in thy bosom perpetually, and is an all-knowing inspector of thy goodness and of thy wickedness; eine Uebersetzung, welche, wenn sie sich grammatisch rechtfertigen liefse, den Gedankengang in der Anrede des Richters an den Zeugen völlig verwirren würde.

[61]) M. II. 6 vedo'khilo dharmamûlam .... âtmanastushṭireva ca.

[62]) M. XI. 233 yasmin karmaṇyasya kṛite manasaḥ syâdalâghavam | tasmiûstâvat tapaḥ kuryâdyâvat tushṭikaram bhavet.

die Schuld nicht erkennt, was ist es anders, als das Gewissen? „Was ist aber diese innere, räthselhafte Macht,
dieses Dämonium, dieses rücksichtslose „Du sollst“, dieses
nimmer ruhende Urtheil anders als das Maaß der Bildung
und Erkenntnisse, die der Einzelne erlangte, als die Wahrheiten, die zu wirksamen Antrieben in sich aufzunehmen
er fähig war, als ein Abdruck jener Vorstellungen und Begriffe, welche seiner Zeit und seinem Volke angehören und
die in ihm nach Maßgabe seiner Eigenart Gestalt gewan-
nen? Das Gewissen ist der bewußte (?), thätige Zusammenhang des Einzelmenschen mit allen Momenten seines
Seins und Thuns wie mit der ganzen Menschengesammt-
heit, die ihn umgiebt und erhält, in der er athmet, webt
und strebt. Unterliegen nun jene allgemeinen Ideen in
Wahrheit einem beständigen Wechsel und Wandel, so fol-
gerecht auch das Gewissen, auch die Gedanken, die sich
unter einander verklagen und entschuldigen, selbst die Vorschriften und Gebote, die Ziele und der Inhalt der Tugend. Bleibend verharrt nichts als das Verhältniß des
menschlichen Willens zu seiner Erkenntniß, die Energie,
mit welcher das Subjekt diese gewissermaßen subjektive
Wahrheit fort und fort vor Augen hat und nach Außen
bethätigt. Der Anfang und das Ende jeder Tugend
ist dieses Sichselbstbefriedigen, ihr sicherster
Lohn, wenn jeder andere ausbleibt, ist diese
Selbstbefriedigung. Jede Qual der Seele aber
entspringt aus dem Zwiespalt zwischen That und
Erkenntniß. Will man von moralischer Fähigkeit reden, so giebt es nur diese einzige, die Fähigkeit, stets
trotz Allem seinem Gewissen gemäß zu handeln“ [63]).
    Jener Wechsel oder vielmehr jene Fortentwicklung der
allgemeinen Ideen, welche dem subjektiven Gefühl die ob-
jektive Wahrheit geben, zeigt sich alsbald in der Art, wie
die Sânkhya als die höchste Stufe der inneren, geistigen

---

[63]) S. die sehr anregende Schrift: Die Idee des Fortschritts in der Uni-
versalgeschichte von Dr. A. Jansen. 1863. p. 202.

Befriedigung (im Gegensatz zu der sinnlichen, äufseren)
diejenige bezeichnet, auf welcher der Mensch die Natur
in ihrem Wesen und Wirken (sowie in ihrem Gegensatze
zum Geiste) erkennt[64]).

Wie die innere Befriedigung Folge und Beweis der
Tugend, so ist die Scham, die innere, warnende Stimme
Beweis des Unrechts (p. 45). „In dem Maafse, in welchem
das Gemüth des Sünders die Sünde hafst (verachtet), in
demselben Maafse wird sein Körper von dem Unrecht befreit[65]).

Die ethische Tiefe dieser Anschauungen des Gesetzbuches ist nicht zu verkennen; ich habe dieselben um
so ausführlicher behandelt, da Hegel in einem Aufsatze
über die Bhagavadgîta (nach W. v. Humboldt's Arbeit)
nebst einer erklecklichen Anzahl von thatsächlichen Irrthü-
mern, die nicht alle durch Unkenntnifs der Sprache zu
erklären sind, vor Allem den begangen hat, den ethischen
Gehalt des indischen Denkens zu läugnen. Allerdings
gehört die Bhagavadgîta einer späteren Stufe der Entwicklung an, aber auch da haben sich noch den eben
angeführten vollständig analoge Anschauungen erhalten[66]).
Auf den Zusammenhang des Strebens nach Selbstbefriedigung in der Tugend mit dem nach Befreiung von der
sinnlichen Existenz komme ich später zurück.

Welches nun sind die Handlungen, die die Seele des
Handelnden mit Scham und mit selbstsüchtiger Unruhe
oder mit freudiger Zufriedenheit erfüllen?

„Die Merkmale der Qualität der Wesenheit sind: Das
Studium des Veda, Askese, Kenntnifs (des Gesetzes?), Reinheit, Bezähmung der Sinne, Erfüllung der Pflichten und

---

[64]) Kâr. 50 prakrityâkhyâḥ tushṭiḥ. Kap. III. 48. com.: sâkshâtkâra-
paryantaḥ pariṇâmaḥ sarvo'pi prakritereva taṃ ca prakritireva karotyahaṃ
tu kûṭhasṭhaḥ pûrṇa ityâtmabbâvanâtparitoshaḥ. Gauḍ. zu Kâr. 50 spricht
nur von der Natur, und wohl mit Recht, da es sich nicht um die höchste,
die Befreiung bedingende Erkenntnifs handelt.
[65]) M. XI. 229 yathâ yathâ manastasya dushkritaṃ karma garhati | tathâ
tathâ çariraṃ tattenâdharmeṇa mucyate. Cf. Burnouf Introd. p. 293.
[66]) S. Berliner Jahrbücher für wissenschaftliche Kritik 1827. Cf. Bhg.
II. 20, 55; III. 17; IV. 52; XII. 14, 19.

Nachdenken über das Selbst. Merkmale der Leidenschaftlichkeit aber sind: selbstsüchtiges Handeln, Unbeständigkeit, unerlaubtes Thun und Anhänglichkeit an das Sinnliche. Merkmale der Qualität der Finsternifs endlich sind: Begehrlichkeit, Schlaf (Trägheit), Unentschiedenheit, Grausamkeit, Unglaube, unsittlicher Lebenswandel, Bettelei und Nachlässigkeit" [47]).

Neben jener Dreitheilung enthält das Gesetzbuch noch eine andere, deren Zusammenhang mit den drei Qualitäten nicht angegeben, aber leicht herzustellen ist. Die Handlungen des Menschen werden unterschieden in solche, welche im Herzen, in der Rede und in dem Körper ihren Ursprung haben. „Das Thun, das aus dem Herzen, der Rede und dem Körper entsteht, bringt angenehme oder unangenehme Frucht; die niedrigeren, mittleren und höchsten Wiedergeburten (s. n. 57) entspringen aus dem Handeln [68]). Denn: „das aus dem Herzen hervorgehende Gute oder Böse empfindet er mittelst des Herzens, die durch die Rede vollbrachte That mittelst der Rede, die durch den Körper vollbrachte mittelst des Körpers. Der Mensch verfällt der Starrheit (Pflanzen, Mineralien) wegen der Sünden des Körpers; wegen der Sünden der Rede wird er Vogel oder Thier (vierfüfsiges Thier); wegen der Sünden des Herzens wird er auf der letzten Stufe der Menschheit wiedergeboren." (XII. 8, 9.)

Das Gesetzbuch begnügt sich natürlich nicht mit diesen allgemeinen Sätzen; die Lehre von der Vergeltung für die Sünden durch die entsprechende Wiedergeburt wurde erst praktisch wirksam, wenn sie in jedem einzelnen Falle

---

[47]) M. XII. 31 vedábhyásastapo jnánaṃ çaucamindriyanigrahaḥ | dharmakriyâtmacintâ ca sâttvikaṃ guṇalakshaṇam || 32 ârambharucitâdhairyam asatkâryaparigrahaḥ | vishayopasevâ câjasraṃ râjasaṃ guṇalakshaṇam || 33 lobhaḥ svapno'dhṛitiḥ krauryaṃ nâstikyam bhinnavṛittitâ yâcishṇutâ pramâdaçca tâmasaṃ guṇalakshaṇam. Nach Yâjn. III. 137—139 werden diejenigen, welche die Handlungen der ersten Art üben, in Götterleibern (in vulvis divinis) wiedergeboren, die zweiten als Menschen, die dritten als Thiere.

[68]) M. XII. 3 çubhâçubhaphalaṃ karma manovâgdehasambhavam | karmajâ gatayo nṛiṇâm uttamâdhamamadhyamâḥ. Diese Dreitheilung ist im Buddhismus gang und gäbe geworden. Siehe in Abschn. 9.

aufgewiesen werden konnte. Die besonderen Bestimmungen anzugeben, ist nicht unsere Aufgabe (M. XII. 51—81). Ich will hier nur noch auf den Zusammenhang zwischen jener Lehre und dem eigentlichen Inhalte des Gesetzbuches hinweisen. Beruht das Heil des Menschen auf tugendhaftem Handeln, d. h. auf der Erfüllung seiner Pflichten, so gewinnt die Pflichtenlehre höchste Bedeutung und in diesem ethischen Bezuge sind Pflicht, Recht und Gesetz identisch (dharma); die Gesetze, welche die einzelnen Kasten binden, erhalten zugleich eine religiöse Beziehung und die Interessen des Staates und der Kirche bekämpfen sich auf allen Gebieten des menschlichen Lebens [69]).

Die Wiedergeburt aber ist nur dann eine nothwendige Folge der Sünde, wenn dieselbe nicht gesühnt wird. Die Ergänzung der Lehre von der Wiedergeburt war die von der freiwilligen Bufse (pràyaçcitta), welcher Gegenstand im 11ten Buche des Mànava-Werkes ausführlich behandelt ist.

Die Wichtigkeit des Handelns für den Menschen, welcher nach dem Tode in einem Körper einer höhern Ordnung wiedergeboren zu werden streben mufs, ist also unbestreitbar (M. II. 2—5). Insofern aber dies Streben den Zweck hat, die höchste Rangstufe des sinnlichen Daseins zu erklimmen, ist sein Werth nur ein relativer. Das letzte Ziel ist die Vernichtung der Wiedergeburt, die Befreiung der Seele von jeder elementaren Schranke (nihçreyas, moksha M. XII. 82 sq.).

„Das Studium des Veda, Bufse, Erkenntnifs, Bezähmung der Sinne, Niemanden Böses thun, Achtung des (geistlichen) Lehrers: das sind die sechs heiligenden Werke. Das höchste aber ist die Erkenntnifs der Seele (des Selbst, àtman), wel-

---

[69]) In diesem Sinne enthalten Buch II—VI die Vorschriften bezüglich der Bráhmanen-Kaste; B. VII—IX die Pflichten der Kriegerkaste, deren Haupt, der König zugleich das Recht und die Pflicht des Herrschers und des Richters in sich vereinigt. Die Pflichten der Kaste der Vaiçya's d. i. der Handeltreibenden und Ackerbauer, sowie die der Çúdra's, der dienenden Kaste sind in den letzten zehn Versen des IX. Buches, die der Mischkasten im X. Buche auseinandergesetzt.

che zur Unsterblichkeit führt (ib. 83—85). Für den Brâhmanen ist Bufse (fromme Werke) und Wissen das höchste Mittel, um zur Seeligkeit zu gelangen; durch die Bufse wird die Sünde vernichtet; durch das Wissen erlangt er Unsterblichkeit (M. XII. 104. cf. VI. 74 etc.). Damit ist also die Nothwendigkeit des Handelns und des Wissens anerkannt. Das im Veda vorgeschriebene Handeln, welches als das wirksamste bezeichnet wird, ist ein zweifaches: selbstsüchtig, insofern es mit Rücksicht auf einen in dieser oder jener Welt zu erreichenden Zweck geschieht, oder selbstlos, insofern es ohne besondere Absicht und nach vorgängig erlangter Erkenntnifs unternommen wird; im ersten Falle erzeugt es Glück in dieser Welt und Göttergleichheit nach dem Tode; im andern Falle Seeligkeit; „wer sich uneigennützigem Thun ergiebt, der überwindet die fünf Elemente" [70]).

Mit dieser Auffassung steht das Gesetzbuch ganz auf demselben Boden wie die Sânkhya. Kapila wie Îçvarakrishna gehen von dem Satze aus, dafs die weltlichen und religiösen Mittel nicht hinreichen zu einer absoluten Vernichtung des Uebels, d. h. der sinnlichen Existenz. „Wegen des Andranges des dreifachen Uebels — des in der Natur des Menschen begründeten, des durch die Wesen verursachten und des überirdischen (durch Dämonen u. s. w.) — entsteht das Verlangen nach Erkenntnifs des jenes Uebel abwehrenden Mittels [71])." In der sinnlichen Welt findet

---

[70]) M. XII. 86—90; nivṛittaṃ (sc. karma, das Gegentheil ist pravṛitta) sevamânastu bhûtânyatyeti pañcavai. Bhg. XIV. 22—26.

[71]) Kâr. 1 duḥkhatrayâbhighâtâjjijnâsâ tadapaghâtake hetau | dṛishṭe sâpârthâççennaikântâtyantato bhâvât. Kap. I. 1 atha trividhaduḥkhâtyantanivṛittiratyantapurushârthaḥ. Ich lese mit Lassen, der S. Tattva Kaumudî und der S. Candrikâ: tadapaghâtake anstatt tadabhighâtake, welches Colebrooke nach dem Beispiele des Gauḍapâda und S. Kaumudî vorzieht. Dafs abhighâta „embarassement" bedeute, wie Wils. S. K. p. 8 behauptet, ist nicht bewiesen; sämmtlichen im Pet. Wörterb. angeführten Stellen liegt die Bedeutung „impetus" zu Grunde. Wollen wir auf die Auktorität der von W. angeführten Kommentatoren hin abhighâta gleichbedeutend mit apaghâta nehmen, so ist es doch bedenklich, abhighâta mit embarassement und abhighâtaka mit precluding zu übersetzen. Es liegt ja auch in abhi der Begriff des Vorwärts- und in apa

4 *

sich ein solches Mittel nicht, weil alle materiellen Mittel das Uebel nur in beschränktem Maaße und nur zeitweilig aufheben.

Gleich unwirksam wie die sinnlichen Mittel sind die von der Offenbarung vorgeschriebenen Ceremonien u. s. w., da sie unrein (wie das Opfer), unzureichend und ungerecht sind (letzteres, indem sie dem Einen einen Vortheil über den Andern versprechen): das einzig wirksame Mittel ist die unterscheidende Erkenntniß des Genius, der Natur und der aus der Natur entfalteten Wesen (s. S. 6).

Ich glaube, man muß Gewicht darauf legen, daß auch die Sânkhya nur die absolute Wirksamkeit (nicht die relative für das Leben selbst) des Handelns leugnet. Im Gesetzbuche freilich finden sich einzelne Aeußerungen, welche dem Handeln — im gewöhnlichen Sinne wie in Bezug auf den Kultus — allen Werth absprechen. Ein ausgezeichneter Brahmane, heißt es (XII. 92), möge die vorgeschriebenen Handlungen unterlassen und sich nur um die Kenntniß des Selbst, um Bezähmung der Sinne und um das Studium des Veda bemühen. Man bedenke aber, daß sich solche Vorschriften eben nur auf Brähmanen beziehen, welche sämmtliche Stadien des religiösen Lebens überwunden haben (vgl. M. VI. 37). Dann aber wird man nicht umhin können anzunehmen, daß die vorliegende Rezension des Mânava-Gesetzes unter dem Einflusse der stets wachsenden Macht des Priesterthums stattgefunden hat. Daß die in diesem Sinne ausgeführte Ueberarbeitung es nicht wagen durfte, jene Gedankenansätze, welche das ursprüngliche Werk mit den heterodoxen Systemen gemein hatte, zu vernichten, beweist die Achtung vor der Ueberlieferung und die Energie jener Richtung. Die Sânkhya-Philosophie und selbst der Buddhismus enthalten meiner Ansicht nach

---

der des Rückwärtsbewegens. Daß „impediment" the sense required by the doctrine laid down wäre, ist gar nicht ersichtlich. Kapila sagt, das Endziel des Menschen sei das absolute Aufhören des Uebels. Was den zweiten Theil des Verses betrifft, so ist Colebrooke's Auffassung wohl die allein richtige. Kap. I. 2 sagt: na dṛishṭâttatsiddirnivṛitte'pyanuvṛittidarçanât. Cf. I. 3, 4.

nicht sowohl eine Reaktion gegen den erstarrten, als eine Opposition gegen den überhandnehmenden Brähmanismus."

Die eigenthümliche Naturanschauung, welche sich in der Lehre von der Seelenwanderung ausspricht, ist wohl als die Quelle der Thierfabel zu betrachten. Die Thierfabel aus dem naiven Gefühle der Einheit der Natur überhaupt zu erklären, genügt nicht; hat doch jedes Volk eine solche „naive" Periode gehabt und nur die Inder rühmen sich der Thierfabel. Eine gewisse Bestätigung unserer Ansicht finden wir darin, daſs das ganze 4te Buch der Sûtra's des Kapila aus kleinen Erzählungen (âkhyâyika) besteht, deren Stoffe nicht selten aus der Thierwelt entlehnt sind. Eigentliche Thierfabeln finden sich nur wenige (cf. IV. 16); meist sind es Gleichnisse, welche irgend einen Satz veranschaulichen. So wird das Verhältniſs zwischen dem Genius und den drei Qualitäten durch den Vergleich zwischen dem Papagei, der durch ein Band gefesselt ist, erläutert (IV. 26). Nach der gesprächsweise geäuſserten Ansicht des II. Prof. Weber enthielte das vierte Buch des Kapila-Werkes die ältesten Spuren der Thierfabel. Selbst dieses Buch aber setzt bereits eine ziemliche Entwicklung der Thierfabel und eine allgemeine Bekanntschaft mit derselben voraus, da der Text die Fabel gar nicht mittheilt, sondern nur andeutet[72] und auch der Kommentar sich in den meisten Fällen mit wenigen vervollständigenden Worten begnügt.

5. Erkenntniſs und Befreiung.

Der Brähmane, welcher die drei Pflichten — gegen die Götter durch Opfer und Verehrung, gegen die Manen durch das Todtenopfer und die Erzeugung eines Sohnes

---

[72] So IV. 26 guṇayogâdbaddhaḥ çukavat.

und gegen die Rishi's durch das Studium des Veda —
erfüllt hat, der möge seinen Sinn auf die Befreiung richten; wer aber die Pflichten nicht erfüllt hat und nach Befreiung strebt, der geht nach Unten (in die Hölle oder in
einen Körper niederer Ordnung) [73]).

Wir haben oben (S. 46) den Inhalt des Tugendbe-
griffes bei den Indern erörtert als das Streben nach Selbstbefriedigung des individuellen Geistes. Innerhalb der sinnlichen Existenz aber ist dieses Ziel immer nur momen-
tan zu erreichen, da es dem Menschen unmöglich ist, sich
vollständig von den Einflüssen seiner Natur unabhängig
zu machen. Nothwendig mußte also jene Sehnsucht in
das Streben nach Befreiung von dieser seiner Natur um-
schlagen, und wir sind geneigt, jene tiefe Sehnsucht nach
dem Aufhören der Wiedergeburt vielmehr aus dem Verlangen des Geistes, der sich selbst genügen will, abzuleiten, als aus dem sinnlichen Bedürfnisse nach Ruhe, welches nach der gang und gäbe gewordenen Ansicht auf die
klimatischen Verhältnisse Indiens zurückgeführt wird.

Zur Selbstbefriedigung aber führt kein anderer
Weg als der der Selbsterkenntniſs. Das Wort für
„Selbst" (âtman, eigentlich der Athmende), welches in der
spätern Sprache sehr häufig das reflexive Pronomen ver-
tritt, bezeichnet in den ältern Texten — und auch im Manu
— das Ich im Gegensatze nicht zum Körper, sondern zur
Außenwelt. Auf den Begriff des âtman muß man an-
wenden, was Roth in der oben (n. 43) angeführten Stelle
über den des Bráhma bemerkt: der Inhalt des Begriffes
vergeistigt sich in dem Maaße als die Entwicklung des
Denkens und Wissens fortschreitet [74]).

---

[73]) M. VI. 35, 36, 37; IV. 257; XI. 65. Vgl. die im Pet. Lex. s. v.
ṛiṇa aus ÇKD. mitgetheilte Stelle. Im MBh. wird die Pflicht gegen die Menschen als vierte genannt. I. 4656, 4658. Ram. II. 4, 13.

[74]) Da aber âtman nicht wie Brahma nur einen abstrakten Begriff bezeichnet und also als spekulativer terminus technicus angewandt wird, sondern daneben in einfacher Bedeutung der Sprache des Lebens verblieb, so
ist es in vielen Fällen schwer, die jedesmalige Bedeutung des Wortes zu erkennen. Auf die Vieldeutigkeit dieses Wortes gestützt, haben die Kommentatoren an unzähligen Stellen des Gesetzbuches den Sinn verdreht und, wo

Sobald die Vorstellung des Bráhma, d. i. des Weltgrundes als eines Urelementes wie Aether oder Feuer
durchdrang, mußte auch eine Scheidung wie die zwischen dem rein materiellen Körper und der Seele anerkannt
werden, wenn auch unter Seele (átman) nicht sowohl das
geistige Prinzip, als ein Brahma-Atom (antarátma, das innere Selbst) gedacht wurde, die höchste Seeligkeit des Individuums also in der Wiedervereinigung mit dem Weltgrunde bestand. (Vgl. M. VI. 73—81.) Erst nachdem
die begriffliche Unterscheidung zwischen Kraft und Stoff
vollzogen war, konnte man durch das Selbst (átman) die
Seele, aber auch nur die individuelle Seele bezeichnen und Kenntniß des Selbst war also gewissermaßen identisch mit Kenntniß der Seele. Diese Kenntniß mußte aber
wesentlich eine unterscheidende sein und zwar in zwei-
facher Beziehung. Einestheils bestand sie in der Unterscheidung der individuellen Seele von dem Körper sowohl, wie
von den durch das sinnliche Substrat vermittelten Funktionen der Seele; anderntheils mußte diese Unterscheidung
auf alle Erscheinungen der Sinnenwelt angewendet werden,
um auch in jenen Wirkung und Ursache zu erkennen.

Die Sànkhya-Philosophie enthält sich aller Spekulationen über den Zustand des Genius vor dem Eintreten
desselben in die sinnliche Existenz (den feinen Körper),
sowie nach der Befreiung von derselben. Waren wir aber
berechtigt zu behaupten, die Sànkhya habe ursprünglich
den Genius als Allseele, d. h. die Gesammtheit der Genien
als eine Einheit aufgefaßt, welche sich erst bei der Bildung der feinen Körper in eine Vielheit von geistigen Mo-

---

es nur irgend möglich war, átman entweder durch Seele oder gar durch pa-
ramátma im Sinne des höchsten, geistigen Prinzipes erklärt. Da die Uebersetzungen sich meist den Auffassungen der Kommentare anschließen, so erhalten sie eine spiritualistische Färbung, welche durch den Originaltext durchaus nicht gerechtfertigt ist und denjenigen, der mit der Sanskrit-Sprache nicht
vertraut ist, zu vollständig unhaltbaren Schlüssen verleiten. Nach unserer
Ansicht wäre es überhaupt an der Zeit, eine selbstständige Uebersetzung des
Mánava-Werkes zu versuchen, bei welcher die Erklärungen der Kommentare
als dankbares Material zum Verständniß, nicht aber als unbedingte Auktorität anzuerkennen sein würden.

naden auflöste (S. 8), so können wir nicht umhin anzunehmen, es habe die Sànkhya auf einer früheren Stufe auch die Wiedervereinigung der einzelnen Genien zu einer Einheit nach der Befreiung von den feinen Körpern behauptet. Wir sagten ferner (ebend.), das Gesetzbuch, indem es die Keime des eigentlich philosophischen Systems enthalte, stehe auf dem Boden der früheren Anschauungen der Sànkhya. Demgemäfs mufste sich auch die Aufgabe und das Ziel der Erkenntnifs einigermafsen modifiziren. Die Erkenntnifs des Mikrokosmus vollendete sich in der des Makrokosmus.

Hören wir vorerst die Sànkhya. „Durch die Erkenntnifs wird die Vollendung (d. h. die Befreiung, moksha) bedingt, durch den Irrthum die Gebundenheit (an die Materie)" [75]). Ferner: „Durch das Studium der Prinzipien entsteht die vollständige, von allem Irrthum gereinigte, absolute Erkenntnifs: Nicht bin ich, nicht ist (etwas) mein, nicht ich bin", d. h. weder ist der Genius das Agens (cf. S. 7), noch ist derselbe identisch mit dem Körper und den daraus entstehenden Affektionen, noch ist der Genius das Ich, da das Selbstbewufstsein nicht zum Wesen desselben gehört [76]).

Das Ziel der Erkenntnifs ist also die Unterscheidung des Genius von der Natur sowie von allen aus derselben entwickelten Prinzipien und Wesen; ist diese erreicht, so gelangt der Genius zu „absolutem, unendlichem Fürsichsein [77])."

Im Gesetzbuche sind es vor Allem drei Stellen (XII. 91, 118—122, 125), welche hier in Betracht kommen.

„Wer in allen Wesen sich selbst (das Selbst) und in sich alle Wesen zugleich sieht, der, sich selbst opfernd,

---

[75]) Kâr. 44 jnânena câpavargo viparyayâdishyate bandhaḥ. Kap. III. 23 jnânânmuktiḥ, 24 bandho viparyayât.

[76]) Kâr. 64 evam tattvâbhyâsânnâsmi na me nâhamityapariçeshum | aviparyayâdviçuddham kevalamutpadyate jnânam. Kap. III. 75 tattvâbhyâsânneti netiti tyâgâdvivekasiddhiḥ. Cf. Wils. S. K. p. 180.

[77]) Kâr. 68 prâpte çarirabhede .. aikântikamâtyantikamubhayam kaivalyamâpnoti. Kap. I. 144.

gelangt zu dem im eigensten Glanze strahlenden Wesen." Ebenso am Schlusse: „Wer also in allen Wesen sich selbst durch sich erkennt, der gelangt zur Allgleichheit, zum Bráhma, der höchsten Stufe" [78]).

Daſs das Wort „Selbst" (àtman) in diesen Aussprüchen weder „the supreme soul" (Jones, l'âme suprème bei Loiseleur) noch „Geist" (Windisch. I. 670, 72, vergl. Sàyana zu Îçop. 6) bedeutet, sondern das ganze Selbst des Menschen, den Mikrokosmus, beweist folgende Stelle, welche das Gesetzbuch als das höchste Geheimniſs des Rechtes bezeichnet [79]). „Seine Aufmerksamkeit auf Sein und Nichtsein richtend, erkenne er in dem Selbst das All; denn das All in dem Selbst erkennend, wird er seinen Sinn nicht auf das Unrecht wenden. Das Selbst ist ja alle Götter (d. h. nimmt Theil an allen Göttern, wie nachher erklärt wird. Dem Gesetzbuche liegt nichts ferner, als der Gedanke, die Götter seien reiner Geist.); das All weilt in dem Selbst, denn das Selbst bedingt die Kette der Handlungen der Bekörperten" (cf. XII. 12). Um zu dieser Erkenntniſs zu gelangen, um die Bestandtheile seines Selbst zu unterscheiden, „möge er den Aether eingehen machen (d. h. er möge den Zusammenhang erkennen) in die Höhlungen (des Körpers), den Wind in die Bewegung und Berührung, den höchsten Glanz in die Augen und in das Kochen (Verdauung), in das Feuchte (die feuchten muskulösen Theile, wie Zunge) das Wasser und in die Glieder die Erde (so die Vertheilung der fünf Elemente); in das Herz den Mond, in das Ohr die Weltgegenden, in den Schritt (Fuſs) den Vishṇu (den Schreitenden), in die Mus-

---

[78]) M. XII. 91 sarvabhûteshu câtmânaṃ sarvabhûtâni câtmani | sanam paçyannâtmayâjî svârâjyamadhigacchati || 125 evaṃ yaḥ sarvabhûteshu paçyatyâtmânamâtmanâ | sa sarvasamatâmeti brahmâbhyeti param padam. Cf. Kûṭhop. 4, 5; Îçop. 6. Bhg. VI. 29—32; IV. 35. IX. 4, 5; X. 20. Weber, Ind. Stud. II. 11. Müller. Hist. S. L. 20 f.: The Sanskrit âtmânam âtmanâ paçya „see (thy) self by (thy) self" had a deeper signification than the greek γνῶθι σεαυτόν, because it had not only a moral, but also a metaphysical meaning.

[79]) M. XII. 117 dharmasya paramaṃ guhyam. Cf. Kâr. 69 purushârthaṃ jnânam idaṃ guhyam paramarshiṇâ samâkhyâtam.

kelkraft (Hand) den Hari (Indra)[80]), in die Rede (Zunge) den Agni (Feuergott, im Veda als „Rufer", weil er die Götter zum Opfer herbeiruft. Lass. Ind. Alt. I. 760), den Mitra in die Entleerung (Darm), den Prajâpati (den Erzeuger) in das Glied"[81]). Die Erklärung dieser merkwürdigen Stelle finden wir in der Tattva-Samâsa § 56, in der die Symbolik der einzelnen Körpertheile dem System der Sânkhya gemäfs vervollständigt ist. Es handelt sich dort um die dreizehn Organe (karaṇa) des Genius, deren Bereich nach drei Richtungen hin bestimmt wird, nämlich in Bezug auf das Selbst, auf die Aufsenwelt (die Wesen) und auf die Götterwelt[82]).

[80]) Medh. liest für Hara (Çiva): Hari, was ja auch ein Beiname des Indra. Die Lesart findet sich auch in mehreren Mss., ist also vorzuziehen.

[81]) M. XII. 118 sarvamâtmani sampaçyet saccâsacca samâhitaḥ | sarvaṃ hyâtmani sampaçyannâdharme kurute manaḥ || 119 âtmaiva devatâḥ sarvâḥ sarvamâtmanyavasthitam | âtmâ hi janayatyeshâṃ karmayogaṃ çaríriṇâm || 120 khaṃ sanniveçayet keshu ceshṭanasparçane'nilam | paktidṛishṭyoḥ paraṃ tejaḥ snehe'po gâṃ ca mûrtishu || 121 manasindṛṃ diçaḥ çrotre krânte vishṇum bale harim | vàcyagniṃ mitramutsarge prajane ca prajâpatim. Yâjn. III. 127, 128 findet sich eine nur scheinbar ähnliche Stelle, da dort Brahmâ, der „tausendgestaltige, erste Gott" beschrieben wird, aus dessen Antlitz, Armen, Schenkeln und Füfsen die vier Kasten entstanden seien, aus seinen Füfsen die Erde u. s. w. Auch die Vertheilung differirt.

[82]) trayodaçavidhasya karaṇasyâdhyâtmamadhibbûtikamadhidaivatam Aehnlich erklären auch die Kommentare die Dreiheit der Uebel. Kâr. 1 (n. 71) duḥkhatrayam | adhyâtmikam, adhibbautikam, âdhidaivatam. Kâr. zu Pâṇini IV. 3, 60 adhyâtma, adhideva, adhibûta | adhyâtmâdirâkṛitigaṇaḥ, also drei Erscheinungsformen. Humboldt a. a. O. p. 22 irrt also, wenn er sagt, es handele sich in diesen Ausdrücken um „Wesen, die über den Geist, über die Geschöpfe" u. s. w. sind. Ein Zweifel ist nur möglich über die Bedeutung von adhyâtma im einzelnen Falle. Es verhält sich aber damit ganz ebenso wie mit der Bedeutung von âtman (S. 54), und von dem Inhalte dieses Begriffes wird stets der des adhyâtma abhängen. So wird Bhag. VIII. 3 adhyâtmam definirt als svabhâvaḥ; cf. X. 32; III. 30. In den meisten Fällen aber, wenn nicht in allen, drückt adhyâtma nichts als den Bezug auf das Individuum oder auf den Menschen überhaupt im Gegensatz zur Aufsenwelt aus. So Praçnop. III. 1, 8 f., wo vâhyam (Kom. adhibbûtamadhidaivikaṃ ca) dem adhyâtmam in einer Weise entgegengestellt ist, dafs an die Uebersetzung durch: „der höchste Geist" (Pet. Lex.) nicht zu denken ist; ebenso Kaṭhop. II. 12. Am klarsten liegt die Bedeutung des Wortes in Nirukta VII. 1 vor, wo dreierlei Hymnen unterschieden werden: mittelbare (paroksha) d. h. solche, in denen der bittende Ṛischi in der dritten oder auch in jeder andern, unmittelbare (pratyaksha), in denen er in der zweiten Person spricht, und Selbstanrufungen: adhyâtmikya sc. ṛica uttamapurushayogâ a h a m iti. Cf. Nir. I. 20, III. 12, X. 26, XII. 37. Ind. Stud. I. 449, II. 212, 234. Im Gesetzbuche wird II. 117 laukikam, vaidikam und adhyâtmikaṃ jnânam unterschieden; das wird eben die Wissenschaft von dem Selbst, d. h. dem Menschen sein. VI. 49 adhyâtmarati (adj.) und 82 anadhyâtmavid. Dann

Die dreizehn Organe sind bekanntlich Vernunft, Selbstbewufstsein, Gemüth, fünf Wahrnehmungs- und fünf Thätig-
keitsorgane (n. 19). „Vernunft" ist in Bezug auf das Selbst
Organ des Genius, das zu Vernehmende (zu Erkennende)
in Bezug auf die Wesen, Brahmá in Bezug auf die Götter (die Stellung des Brahmá entspricht ganz genau der
des Gesetzbuches); „Selbstbewufstsein" in Bezug auf das
Selbst, das zu Denkende (?) in Bezug auf die Wesen, Rudra in Bezug auf die Götter (n. 17. Kap. VI. 66); das
„Gemüth" in Bezug auf das Selbst, das zu Begehrende,
(zu Wollende) in Bezug auf die Wesen, der Mondgott in
Bezug auf die Götter; „das Gehör" in Bezug auf das Selbst,
das zu Hörende in Bezug auf die Wesen, der Aether in
Bezug auf das Göttliche; „die Haut" in Bezug auf das
Selbst, das zu Fühlende in Bezug auf die Wesen, der
Wind in Bezug auf das Göttliche; „das Auge" in Bezug
auf das Selbst, das zu Sehende in Bezug auf die Wesen, die Sonne in Bezug auf das Göttliche; „die Zunge"
in Bezug auf das Selbst, das zu Schmeckende in Bezug
auf die Wesen, Varuṇa (als Gott des Wassers) in Bezug
auf das Göttliche; „der Geruch" (Nase) in Bezug auf das
Selbst, das zu Riechende in Bezug auf die Wesen, die
Erde in Bezug auf das Göttliche; „die Rede" in Bezug
auf das Selbst, das zu Sagende in Bezug auf die Wesen,
Vahni (als Feuergott) in Bezug auf das Göttliche; „die

---

heifst es: Der Bráhmane möge still vor sich hersagen das Brahma (im Sinne
von Veda als heilige Schrift), insofern es sich auf das Opfer bezieht, auf die
Götter, auf das Selbst und auf die Lehren des Vedánta. VI. 83 adhiyajnam
brahma japedádhidaivikameva ca | adhyátmikaṃ ca satataṃ vedántábhihitaṃ
ca yat. Behauptet man, dafs das Wort „Vedánta" (s. unten) hier das sogenannte philosophische System bezeichnet, welches den Geist als das allein
Seiende anerkennt, so kann adhyátmikam erst recht nicht der Theil des Veda
sein „which reveals the nature of the Supreme God" (Jones). Vergl. Goldstücker, Sanskr. Dict. adhibhúta II die Inhaltsangabe des betreffenden Ka-
pitels der Upanishad und adhyátma II: „A chapter in the Upan. treating the-
reon contains the following subjects: the lower jaw, the upper jaw, speech
and tongue; another passage comprises under this topic 1) the vital airs:
práṇa, apána, vyána, udána, samána (siehe die citirte Stelle der Praçnop.),
2) the organs of sensation: eyes, ears, manas, speech, skin (tvaç) and
3) the elementary parts of the body: skin (carman), flesh, tendres, bones,
marrow."

Hände" in Bezug auf das Selbst, das zu Ergreifende in
Bezug auf die Wesen, Indra in Bezug auf das Göttliche;
„die Füſse" in Bezug auf das Selbst, das zu Beschreitende
in Bezug auf die Wesen, Vishṇu in Bezug auf das Göttliche; „der Darm" in Bezug auf das Selbst, das zu Ent-
leerende in Bezug auf die Wesen, Mitra in Bezug auf das
Göttliche; „das Glied" in Bezug auf das Selbst, das zu
Genieſsende in Bezug auf die Wesen, Prajâpati in Bezug
auf das Göttliche [63]).

Es genügt aber nicht, die Identität der stoffartigen
Prinzipien im Mikrokosmus mit denen des Makrokosmus zu
erkennen. Der nach Befreiung Strebende „möge den Lenker aller Wesen, den, der feiner ist als das Feine, den gold-
glänzenden, der durch das Schlafdenken (durch das von
der sinnlichen Natur, die gleichsam in tiefen Schlaf ver-
senkt ist, ungestörte Nachdenken) erfaſst werden kann,
erkennen als den höchsten Genius (das höchste Prinzip
n. 18) [84])."

---

[63]) buddhiradhyâtmam bodhayitvyam adhibhûtam brahmâ tatrâdhidai-
vatam | ahaṅkâro — mantavyam — rudraḥ — mano — saṅkalpitavyam — can-
draḥ — (M. manasindum) | çrotram — çrotavyam — âkâçam (kheshu kham,
diçaḥ çrotre) | tvak — sparçayitavyam — vâyuḥ (sparçane'nilam) | cakshus —
drashṭavyam — âdityaḥ (dṛishṭyoḥ param tejaḥ) | jihvâ — rasayitavyam — va-
ruṇaḥ (snehe'paḥ) | ghrâṇam — ghrâtavyam — pṛithvî (mûrtishu gâm) | vâc —
vaktavyam — vahniḥ (vâcyagnim) | pâṇi — grahitavyam — indraḥ (bale harim) |
pâdau — gantavyam — vishṇuḥ (krânte vishṇum) | pâyuḥ — utsrashṭavyam —
mitraḥ (mitramutsarge) | upastham — ânandayitavyam — prajâpatiḥ (prajane
prajâpatim).

[84]) M. XII. 121 praçâsitâram sarveshâmaṇîyaṅsamaṇorapi | rukmâbham
svapnadhigamyaṃ vidyât tam purusham param. Die Verse 123, 124, 125
kommentirt Medh. nicht; daſs v. 123 eine spätere Glosse ist, liegt auf der
Hand. „Diesen (purusha) nennen Einige Agni, Andere Manu, den Erzeuger,
Einige Indra, Andere Hauch, Andere das ewige Brâhma." Râgh. erklärt: eke
trayînishṭâḥ (Kull. yâjnikâḥ) | anye dharmaçâstranishṭâḥ | indram aiçvaryava-
tam îçvaram anye naiyâyikâḥ | prâṇaṃ hiraṇyagarbhamapare pâtañjalâḥ | apare
vedântinaḥ çâçvataṃ çaçvannirantaram .. ekarûpeṇa varttamânam | çabdamâtre
viprattiprattiḥ arthastveka eva. Cf. Madh. Ind. Stud. I. 23. H. Windischmann, die Philosophie im Fortgange der Weltgeschichte, Bonn 1834 p. 1538
stützt auf XII. 122, 125 die Behauptung, es handle sich hier um „selbst-
schaffendes Schauen". So beachtenswerth das genannte Werk ist wegen der
Uebersetzungen von Sanskrit-Texten aus der Feder Fr. Windischmann's, so
können wir nicht umhin zu bedauern, daſs diese Materialien zu dem eigenthümlichen Versuche verwendet worden sind, die gesammte brâhmanische Spekulation als eine Art von Somnambulismus zu erweisen.

Die Selbsterkenntnifs erzeugt Selbstbefriedigung und
befreit die individuelle Seele von jeder elementaren Beschränkung [85]). Aber nicht unmittelbar. „Wie das Rad
des Töpfers, das einmal in Schwung gesetzt ist, noch eine
Weile umdreht in Folge des erhaltenen Anstofses, also hält
der Genius den Körper fest, obgleich Tugend und die anderen Zuständlichkeiten (S. 21, mit Ausnahme natürlich
des Wissens selbst. Kâr. 63.) keine Wirkung mehr hervorbringen wegen der Erreichung der vollkommenen Erkenntnifs" [86]). Dafs das Gesetzbuch bereits diese Anschauung von der Befreiung der lebenden, d. h. noch an
den Körper gebundenen Seele kennt, ersehen wir aus VI.
44, 58. „Der Einsiedler, wenngleich befreit (d. h. dessen
Seele im Zustande der Befreiung ist), wird wieder gebunden, wenn er durch Respektbezeugungen erkaufte Almosen
annimmt" [87]). Kapila freilich, wenn er von den Stufen der

---

[85]) M. XII. 90 bhûtânyatyeti pañca vai (II. 5 gacchatyamaralokatâm,
VI. 60 amŗitatvâya kalpate). M. Duncker, Gesch. d. Alt. II. 186 fafst das
Verhältnifs zwischen der Lehre Buddha's and Kapila's unrichtig auf, wenn er
behauptet, B. gehe in seiner Spekulation weit über das Sânkhya-System hinaus, indem er frage: „wie kann der Mensch der Nothwendigkeit überhoben
werden, diesen Prozefs der Losbindung der Seele vom Körper immer von
neuem durchmachen zu müssen, nach immer neuen Wiedergeburten?" Mit
diesem Problem beschäftigte sich nicht nur Kapila, sondern bereits das Gesetzbuch. Buddha's Lehre hob die Nothwendigkeit eines stufenweisen Empor-
steigens (von Kaste zu Kaste) nicht nur theoretisch auf, wie Kapila, sondern
auch praktisch, indem jedem Einzelnen — sei er Mleccha oder Çûdra oder
Brâhmane — die Möglichkeit zugestanden wird, die Freiheit von der Wiedergeburt durch ein tugendhaftes Leben zu erlangen. Die Philosophie
des Kapila behauptete immer noch einen exklusiven Standpunkt, weil sie die
Freiheit von der Wiedergeburt durch die höchste und der Natur der Sache
nach nur Wenigen zugängliche Erkenntnifs abhängig machte. Buddha
legte dem Handeln absoluten Werth bei. Die metaphysische Spekulation
Buddha's leugnete die Substantialität der Prinzipien ᷠtattvaᷠ der Sânkhya (cf.
S. 11 sq.) und operirte mit den Begriffen als solchen.
[86]) Kâr. 67 samyagjnânâdhigamâddharmâdinâmakâraṇapräptau | tishṭati
saṃskâravaçâccakrubhramavaddhŗitaçarirah. Kap. III. 82. 83. Coleb. übersetzt akâraṇa durch causeless. Die bhâva's hören auf, kâraṇa der den feinen
Körper bindenden Handlungen zu sein. So Vijn. evaṃ jnânottaraṃ karmâ-
nutpattâvapi prârabdhavegena ceshṭamânaṃ çariraṃ dhŗitvâ jivanmuktasti-
shṭatîtyarthaḥ. Der Vergleich mit dem Rade findet sich auf dem Weltumlauf
im Allgemeinen angewendet in M. XII. 124.
[87]) abhipûjitâlâbhaiçca yatirmukto'pi badhyate. Lois.: „le dévot, qui
est sur le point d'en être dégagé", obgleich Jones grammatisch richtig übersetzt hatte: „a Sannyâsi, though free, becomes a captive."

unterscheidenden Erkenntnifs spricht (III. 76 sq.), gesteht
den „Lebendigbefreiten" nur eine mittlere Erkenntnifs zu,
führt aber als Beweis, dafs es einen solchen Zustand gebe,
an, dafs in den Lehrbüchern (çàstra) von Lehrenden und
Lernenden die Rede sei, Lehrer sein könne aber nur ein
„Lebendigbefreiter".

6. Die Lehre von den drei Mitteln der richtigen Erkenntnifs.
(pramâṇa.)

Wenn die Erkenntnifs unentbehrlich ist, welches sind
die Mittel, dieselbe zu erlangen? Diese Frage wiederholt
sich in allen Systemen der indischen Philosophie, in jedem
einzelnen aber in anderer Form je nach dem Objekte und
der Art der die Befreiung bedingenden Erkenntnifs. Das
Gesetzbuch hatte in erster Linie natürlich die Erkenntnifs
der Pflicht (Recht und Gesetz) im Auge. „Das Augen-
fällige (die sinnliche Wahrnehmung) und die Folgerung
(nach gegebenen Indizien) und die Vorschrift je nach den
verschiedenen Ueberlieferungen: diese drei möge recht erkennen, wer nach genauer Kenntnifs des Rechtes verlangt" [88]).
Diese drei Erkenntnifsmittel (pramâṇa) [89]) lehrt das Ge-

___

[88]) M. XII. 105 pratyakshaṃ cânumânaṃ ca çâstraṃ ca vividhâgamam |
trayaṃ suviditaṃ kâryaṃ dharmaçuddhimabhîpsatâ. âgama bedeutet bei den
Buddhisten-Gesetzsammlung. Burn. Introd. p. 48 f. Cf. Ram. V. 23, 24.

[89]) Kap. I. 87 dvayorekatarasya vâpyasannikṛishṭârthaparicchittiḥ pramâ
tatsâdhakaṃ yattattrividham pramâṇam. Die richtige Erkenntnifs (pramâ)
ist die genaue Unterscheidung (eigentlich das _nach allen Seiten Abgränzen;
ähnlich pramâ das Abmessen) durch den Genius und die Vernunft oder
durch eines von Beiden eines bis dahin nicht ergriffenen (erkannten) Gegenstan-
des, und das, was diese hervorbringt, ist das dreifache Erkenntnifsmittel.
Ball. übersetzt: the determination of something, not previously lodged in
both nor in one or other of them. Ich verbinde pramâ mit dvayor etc. in
Uebereinstimmung mit Vijn.: sâ ca (sc. pramâ) dvayorbuddhipurushayorubha-
voreva dharmo bhavatu. pramâṇam ist also nicht „logischer Begriff", wie
Web. Vorl. p. 28 übersetzt,. sondern Beweismittel überhaupt. Ich mache darauf aufmerksam, dafs das Gesetzbuch, obgleich die Bezeichnung der Çruti als

setzbuch in vollständiger Uebereinstimmung mit der Sånkhya. Auch diese kennt nur drei Erkenntnifsmittel (Kâr. I. 88).

Die Bezeichnung des ersten, der sinnlichen Wahrnehmung ist ganz analog; Kapila nennt sie „das Gesehene" (drishṭam Kap. I. 89; Kâr. 4, 5; Tat. Sam. 4, 75, 76). Die Sinneswahrnehmung aber, so berechtigt sie in ihrem Kreise ist (und auch darin liegt' ein entschiedener Gegensatz gegen die orthodoxen Systeme) bedarf der Vervollständigung durch den Schlufs aus gegebenen Prämissen (von der Wirkung auf die Ursache; Kap. I. 60 von dem Rauche auf das Feuer, oder allgemeiner die Kenntnifs der verknüpfenden Umstände I. 109), sobald es sich nicht mehr um unmittelbar wahrnehmbare Gegenstände handelt. „Wie der Jäger seinen Schritt den Bluttropfen des (verwundeten) Wildes nach lenkt, so soll der Männerfürst mittelst der Folgerung (den Indizien gemäfs) den Gang des Rechtes leiten" [90]). Offenbar legte das Gesetzbuch einen besonderen Werth auf diese Erkenntnifsquelle und das im Gegensatze zu der Brâhmanischen Ansicht der Mîmânsâ, welche eine geoffenbarte oder überlieferte Vorschrift (vidhi) unbedingt über Vernunftgründe stellt. (Col. Ess. 198: Inference, however, is not to be strained. It is not equally convincing as actual perception: a forthcoming injunction or direct precept has more force than a mere inference from promises. Cf.

paramam pramâṇaṃ dharmaṃ jijñâsamânânâm II. 13 sich findet, jene Dreiheit nicht als pramâṇam anführt; und das möchte wohl ein Beweis sein, dafs v. 105 nicht, wie man leicht vermuthen könnte, späterer Zusatz ist; diese Vermuthung möchte viel eher für II. 18 gelten, da Çruti in v. 13 dem Veda in v. 12 entspricht und hier also Veda den Inbegriff der sich an die Hymnensammlungen anschliefsenden Litteratur bezeichnen mufs (Veda im engeren Sinne kann ja nicht als Rechtsquelle betrachtet werden), v. 18 also auf eine ziemliche späte Periode hinweist, in der man wohl wenig Gewicht auf die Selbstbefriedigung (v. 6 u. 12) als Wurzel oder Merkmal des Rechtes legte. Vgl. Col. Ess. p. 199, 200.

[90]) M. VIII. 44 yathâ nayatyasṛikpâtairmṛigasya mṛigayuḥ padam | nayettathânumânena dharmasya nṛipatiḥ padam. Kull. construirt: yathâ mṛigayuḥ nayati sc. âpnoti | mṛigasya padam sc. sthânam. West. Rad. stützt auf diese einzige Stelle die Bedeutung „investigare". Râgh. erklärt nayet durch jânîyât und padam durch tattvam, wie Kull.; beide gleich falsch.

Mîm. Sût. I. 2, 3.) In der Sânkhya aber ist der Schluſs
von der Wirkung auf die Ursache nicht etwa ein gewöhn-
liches Beweismittel, sondern die Grundlage der philosophischen Erkenntniſs überhaupt. Weil die Sânkhya von dem
Axiom ausging, die Wirkung präexistire in der Ursache,
jeder Effekt sei eben nichts als die Entfaltung seiner Ursache, so muſste der Schluſs von dem Effekt (kâryam) auf
die Ursache (kâraṇam) die sicherste Quelle alles Wissens
sein. Nur auf diesem Wege ist die Erkenntniſs der Prinzipien (tattva) möglich. So schlieſst Kapila von der Existenz der Elemente auf die der Urelemente, weil das Grobe
(sthûlam) aus dem Feinern entstehe (I. 62), von der Existenz der Urelemente und der Sinne, der äuſsern wie der
innern, auf die Existenz des Selbstbewuſstseins (I. 63), von
der Existenz dieses auf die der Vernunft (I. 64), von der
Existenz der Vernunft endlich auf die der Natur (I. 65).
Da aber die Natur und alle daraus entwickelten Prinzipien
Substanzen d. h. zusammengesetzte Dinge sind, welche
nicht für sich selbst, sondern eines Andern wegen existiren, so folgt daraus die Existenz des Genius. (I. 66. cf.
M. I. 7. in n. 13).

Als drittes Erkenntniſsmittel bezeichnet das Gesetzbuch die verschiedenen Gesetzsammlungen, Kapila die ver-
bürgte Mittheilung überhaupt (Kap. I. 101 âptopadeça;
Kâr. 4, 5 âptavacanam); in beiden Fällen also das Zeugniſs eines Gewährsmanns oder die Offenbarung und die
Ueberlieferung der Vorzeit. Auf diesem Wege, sagt Gau-
dapâda (zu Kâr. 6), erfahren wir die Existenz des Indra
als Königs der Götter, der nördlichen Kuru's, der Apsarasen (s. n. 57) u. s. w. [91]).

<hr>

[91]) Die Kommentatoren des Gesetzbuches erklären natürlich çâstraṃ vi-
vidhâgamaṃ durch vedamûlaṃ smṛityâdirûpam, da sie als Anhänger der Mimânsâ darauf bedacht sind, die Ansichten ihres Systems auch hier wiederzu-
finden. Da die Mim. sechs pramâṇa kennt, so ist es begreiflich, daſs die
Kom. behaupten, die drei von Manu nicht genannten seien in den genannten
einbegriffen. Cf. Gaud. zu Kâr. 4. Die Nyâya und Mimânsâ nennen dieses
Beweismittel „çabda" Laut, Wort, insofern es Träger einer Mittheilung ist.
Die Mim., deren ganzes Streben dahin geht, aus der Offenbarung und Ueber-

Um den Beweis zu vervollständigen, daſs die Uebereinstimmung des Gesetzbuches mit der Sànkhya auf einen
innern Zusammenhang hindeutet, muſs ich in Kürze auf
die entsprechenden Lehren der übrigen philosophischen Systeme eingehen.

Die sogenannte theistische Sànkhya, die Yoga des Patañjali kennt nur die drei Erkenntniſsmittel des Kapila [92]. .

Die Nyâya des Gotama ebenso wie die Vaiçeshika
des Kanâda fügen zu den dreien noch ein viertes, den
Vergleich (upamâna) [93].

Das System der Mìmânsâ (pûrva- oder karma-mì-
mânsâ), welches uns in den Sûtra's des Jaimini vorliegt,
beschäftigt sich mit der Ermittlung der Pflicht (dharma).

---

lieferung das System der (religiösen) Pflichten abzuleiten, sucht sich vor Allem eine feste Grundlage zu verschaffen, indem sie die Ewigkeit der Verbindung des Wortes mit dem Sinne behauptet. Cf. Mìm. sû. I. 1, 5, 6 f.

[92]) Yog. Sût. I. 7 pratyakshânumânâgamâḥ pramâṇâni. Hier ist pramâṇa die erste der fünf Modifikationen (vṛitti) des denkenden Prinzips (citta),
deren Aufhebung die Yoga ermöglicht.

[93]) Got. Sût. I. 3—8 pratyakshânumânopamânaçabdâḥ pramâṇâni. Sarv.
Drç. S. p. 113 l. 12. Tark. Sañg. § 41. Categ. of Nyâya v. 51. Die bis
jetzt bekannten Texte bestätigen also nicht die Ansicht Colebrooke's: The
followers of Kanâda .. acknowledge two: perception and inference. Windischmann Sancara p. 78 behauptet, in der Absicht, das Alter der Vedânta
zu erweisen: Methodi logicae descriptionem praebet idem Manus XII. 105,
ubi triplicis demonstrandi rationis mentio injicitur, qualis a Gotama ceteris-
que philosophis (?) definita est. W. will zu Gunsten seiner Hypothese die
Nyâya in zwei Theile zerlegen, in die Logik und in die Atomistik. Diese
habe sich später erst mit der Logik vereinigt (weſshalb überhaupt?) und
deſshalb bekämpften die Vedântisten die Nyâya (insofern sie Atomistik) nicht.
Wenn die Vedânta älter als die Nyâya, wie sie uns in den Sûtra's des Gotama
vorliegt, wie kommt es denn, daſs Gotama nur vier pramâṇa kennt und die
Vedânta sechs? Daſs ferner die Nyâya von den Vedântisten nicht bekämpft
werde, ist ein Irrthum. Col. Ess. p. 226 sagt: It is remarkable, that the
Nyâya of Gotama is entirely unnoticed in the text and commentaries of the
Vedânta Sûtras. Die Bemerkung bezieht sich eben nur auf Gotama, nicht auf
die Vedântisten überhaupt; daſs die Ansichten der Nyâya von den Atomen,
von der Leere des Alls u. s. w. von den Brahma-Sûtras bekämpft werden,
hätte Wind. von Col. selbst lernen können, der p. 228 sagt: the notions of
atoms (aṇu, paramâṇu Nyâya Sûtra III. 181) and that of an universal void
are set aside. Die moderne Auffassung der Nyâya als eines Systems der
formalen Logik hat M. Müller in seinen Beiträgen zur Kenntniſs der indischen Philosophie (Zeitschr. d. D. M. G. VI u. VIII), welche insbesondere
das System Kanâda's behandeln, schlagend nachgewiesen.

Jaimini leugnet vor Allem, dafs Sinneswahrnehmung einen
Werth für diese Erkenntnifs habe. Sinneswahrnehmung
nämlich constatire nur die Existenz eines Dinges, nicht
aber eine Pflicht; diese werde nur durch „mündliche Mittheilung" d. h. durch das Wort (çabda) erkannt, insofern
dasselbe eine Vorschrift enthalte [91]). Colebrooke nun theilt
mit, dafs bereits der älteste Kommentator der Sùtra's (nur
als vrittikara bekannt) noch vier andere Erkenntnifsmittel
hinzugefügt habe, und zwar: Folgerung, Vergleichung, Voraussetzung und Verneinung [96]). Alle diese aber sind ohne
Werth, da sie auf der Sinneswahrnehmung fufsen. Die
Mìmânsà also kennt allerdings sechs Erkenntnifsmittel. Ob
aber die angeführten Ansichten geeignet sind, die Behauptung Lassen's (Ind. Alt. I. 835) „in der Mìmânsà wird daher der Erklärung die Untersuchung von der Gültigkeit
der verschiedenen Arten des Beweises vorausgeschickt und
ihr verdankt die Logik ihren Ursprung, die in der ältesten Zeit wahrscheinlich nicht, wie später, von einer besonderen Schule gelehrt wurde, sondern nur als Hülfswissenschaft der Veda-Erklärung" zu unterstützen, bezweifle
ich. Wie kann die Logik einem System ihren Ursprung
verdanken, welches die Resultate logischen Denkens verwirft? Nach meiner Ansicht wurde die Logik — insofern die Lehre von den „Beweisen" überhaupt Logik
genannt zu werden verdient — in der ältesten Zeit noch
viel weniger als in der spätern, von einer besonderen Schule
gelehrt; jede einzelne Schule beantwortete die Frage von
ihrem Standpunkte aus in engem Zusammenhang mit den
allgemeinen Ansichten. Wenn es für die orthodoxe indische Welt irgend eine „Hülfswissenschaft der Veda-Er-

<hr>

[94]) Jaim. Sùt. I. 1 athâto dharmajijñâsâ | 2 codanâlakshaṇo'rtho dhar-
maḥ | 3 tasya nimittaparishṭiḥ | 4 satsamprayoge purushasyendriyâṇâm buddhi-
janma tatpratyakshamanimittaṃ vidyamânopalambhât | 7 autpattikastu çabda-
syârthena sambandhastasya jñânamupadeço'vyatirekaçcârthe'nupalabdhe tat-
pramâṇam bâdarâyaṇasyânapekshatvât. Die Erwähnung des Bâdarâvaṇa im
Text selbst setzt also die Existenz der Vedânta-Sùtra voraus?

[95]) anumâna, upamâna, arthâpatti, abhava. Eine abweichende Aufzählung giebt Gauḍ. zu Kâr. 4 arthâpattiḥ sambhavaḥ abhâvaḥ pratibhâ aiti-
hyamupamânaṃ ceti shaṭ pramâṇâni.

klärung" gab, so ist das ganz gewiſs nur die Mîmànsà,
und gerade sie verwirft die Beweismittellehre (cf. Col. Ess.
p. 202). Zwischen dieser aber und der Logik des Gotama, in welcher die Lehre von den Mitteln der richtigen Erkenntniſs eine hervorragende Stellung nicht einnimmt, welch' ungeheurer Unterschied!

Nach Colebrooke stimmt die Vedànta mit dem vori-
gen Systeme in Betreff der Zahl der Erkenntniſsmittel überein-
ein; wahrscheinlich auch in der Geringschätzung derselben,
mit Ausnahme der Offenbarung. Wie sollte die idealistische
Vedànta der Frage nach dem Verhältniſs zwischen Erkennen und Sein einen besonderen Werth beilegen! In der
That finden wir, in der Vedànta-Sâra z. B., keine Spur
weder dieser Lehre, noch von eigenthümlich logischer Entwicklung überhaupt [90]).

Diese Uebersicht der Lehren der indischen Philosophen von den Mitteln der Erkenntniſs beweist auf das
Schlagendste, daſs die Uebereinstimmung des Gesetzbuches mit der Sànkhya eine bedeutsame ist, um so bedeut-
samer, je enger in den einzelnen Systemen die philosophischen Anschauungen und die Beweismittellehre zusammenhängen.

[90]) Col. Ess. 194. 211. There is, indeed, no direct mention of them
(sc. modes of proof) in the Brahme sútras, beyond a frequent reference
to oral proof, meaning revelation, which is sixth among those modes. But
the commentators make ample use of a logic, which employs the same
terms with that of the Pûrva-Mimànsâ, being founded on it, though not
without amendments on some points. Among the rest, the Vedàntins have
taken syllogism (nyàya) of the dialectic philosophy, with the obvious im-
provement of reducing its five members to three. Und C. ist der Ansicht,
diese Verbesserung sei durch griechischen Einfluſs erfolgt, da dieselbe sich nur
in spätern Werken, wie die Vedànta-paribhàshà und Padàrtha-dípicâ finde. Aus
alledem geht hervor, daſs das von Wind. Sanc. p. 79 behauptete „Consor-
tium logicae cum Vedànta", wenn es überhaupt nachgewiesen werden kann,
sehr späten Datums ist.

7. Das Mânava - Geśetzbuch und die philosophischen Sûtra's.

Wenn die Behauptung, das Gesetzbuch enthalte den Keim der Sânkhya-Philosophie des Kapila, begründet ist, so entsteht die Frage, ob zur Zeit der Abfassung des Gesetzbuches die Systeme, wie sie uns in den Werken der Patañjali, Gotama, Kaṇâda, Jaimini und Bâdarâyaṇa vorliegen, bereits ausgebildet waren. Die Gegner werden sich auf die angebliche Erwähnung mehrerer der genannten Systeme in dem Gesetzbuche selbst berufen.

Der Name der Sânkhya [97]), findet sich ebensowenig wie der des Kapila im Gesetzbuch, sondern zuerst in den späteren Upanishads (Taittirîya und Atharva), sowie in dem XIV. Buche der Nirukti (Weber Vorl. p. 212 n. 5). Das Gleiche ist der Fall mit der theistischen Sânkhya, der Yoga des Patañjali [98]).

Auch das System des Gotama [99]), die Nyâya ist nicht genannt.

Das Gesetzbuch aber soll die Logik (also Nyâya im engeren Sinne) als eine besondere Wissenschaft kennen [100]).

Die Berufung auf die Kenntnifs der „drei Hauptbeweise, aber noch nicht mit. den später gebräuchlich gewordenen Namen" ist nach dem oben Gesagten wohl am wenigsten stichhaltig [101]). Ich wiederhole, dafs ich

---

[97]) Ueber die Bedeutung des Wortes s. Hall, The Sânkhya Prav. Bh. p. 2 — 6. Goldstücker Pâṇ. p. 151 „Sânkhya .. designates the philosophy which is based on synthetic (sam) reasoning (khyâ)."

[98]) Das Wort yoga findet sich nicht selten, aber nicht in der prägnanten Bedeutung des Patañjali.

[99]) Goldst. P. p. 151: Its (the Sânkhya) very name shows that it is the counterpart, as it were, of Nyâya (ni-âya), or the philosophy founded on „analytical reasoning". For while the former builds up a system of the universe, the latter dissects it into catagories, and „enters into" its component parts. Das Wort nyâya findet sich oft genug (so I. 1; III. 185, 190; V. 35, 140; VII. 2, 30, 32; VIII. 130, 208 u. a.), aber noch nicht einmal in der gewöhnlichen Bedeutung: Syllogismus.

[100]) Lassen Ind. Alt. I. 835; Weber Vorl. 219.

[101]) tarka in XII. 106 steht schwerlich in der Bedeutung „logisches Verfahren", sondern in der von „Erwägung" überhaupt (wie Kâṭhop. II. 8.

die Trennung der logischen Elemente des Nyâya-Systems
von den philosophischen (der Atomistik) für durchaus un-
thunlich erachte. Wir haben auch nicht den geringsten
Anhalt für die Vermuthung, die Logik sei als Propädeu-
tik der wahren Erkenntnifs aufgefaíst worden [102]. Je weiter wir die Entwicklung des indischen· Geistes zurückver-
folgen können, um so enger sehen wir die Anfänge der
logischen mit den eigentlich philosophischen Anschauungen verflochten. Die Erklärung der Thatsache, dafs die
Logik sich vorzugsweise auf dem Boden der Nyâya ent-

Weber Vorl. a. a. O., Ind. Stud. II. 184) oder gar für „philosophisches System". Parask. Gṛh. II. 6 in Zeitschr. d. D. M. G. VII. 537 viddhirvidheya-
tarkaçca vedaḥ. Der Veda, d. h. die Bestandtheile des Veda sind die Vorschrift (com. brâhmaṇa), das Anzuwendende (c. mantra) und die Diskussion,
also Exegese (c. arthavâda). Ist tarka gleichbedeutend mit arthavâda, so
vergleiche man Madhus. in Ind. Stud. I. 15 die Definition von arthavâda.
In der Nyâya ist tarka die reductio ad absurdum. Got. Nyâya Sût. I. 1,
39; Col. Ess. 186. Die Logik als besondere Wissenschaft kann es unmöglich bezeichnen, wegen der Bestimmung durch vedaçâstrâvirodhinâ. Die Logik als solche ist weder orthodox noch heterodox und kann als solche weder dem Veda noch den Çâstras, sondern nur dem gesunden Meuschenver-
stande widerstreiten (s. u. n. 125). Dafs die Komment., die ja Anhänger der
Mimânsâ sind, das Wort tarkin in XII. 111 durch mimânsâtmakatarkavit erklären, ist begreiflich. Was den Vers VII. 43 betrifft, so mufs grammatisch
ânvikshikim als Apposition zu âtmavidyâm gezogen werden. Ueber âtmavi-
dyâ s. unten p. 54. ânvikshiki, von anvîkshâ Ueberlegen (cf. Müller in Z.
d. D. M. G. VI. 3. n. 3) übersetzt Lassen selbst durch: „Erkennen den Voraussetzungen gemäfs" und das ist doch nicht ein Charakteristikum der Nyâya.
Madh. in Ind. Stud. I. 18 sagt: Nyâya ânvikshiki pañcâdhyâyî gautamiena pra-
ṇitâ; ähnlich Sarv. Drç. S. p. 115 pakshilasvâminâ ca seyam ânvikshikî vi-
dyâ pramâṇâdibhiḥ padârthaiḥ pravibhajyamânâ. An beiden Stellen ist aber
das philosophische System der Nyâya und nicht die Logik als solche bezeichnet; beide Werke ferner gehören einer so späten Zeit an, dafs ihre Auktorität für die Erklärung des Gesetzbuches mehr als zweifelhaft ist. Ebensowenig vermag ich in den von Strabo XV. 1, 70 (Lassen de nominibus, qui-
bus a veteribus appellantur Indorum philosophi im Rhein. Mus. für Phil. I.
p. 183 und Ind. Stud. I. 835) erwähnten πράμναι Dialektiker zu erkennen.
Dafs die Bezeichnung von pramâṇa abgeleitet, möchte ich mit Lassen gegen
Weber (Vorl. p. 28, 29) annehmen. Da aber pramâṇa, wie oben nachgewiesen, nicht „logischer Beweis" bedeutet, so sehe ich in den πράμναι nicht
Logiker, sondern Philosophen überhaupt, welche die Offenbarung nicht aner-
kannten, sondern nur die Verstandeserkenntnifs, und zwar im Gegensatze zu
den Brâhmanen, d. h. den Theologen.

[102] Wind. Sanc. 78 nyâyam quippe verae cognitionis quasi propaedeu-
ticam quandam partem esse putabant (Vedantici), at plane separatam a doc-
trina atomistica, quae posteriore, ut videtur, tempore arcte cum logica co-
haerere solebat et plus quam uno nomine incurrit in orthodoxorum (?) repre-
hensionem.

wickelte, finde ich in dem Wesen dieses analytischen Systems. Diese Entwickelung konnte aber erst verhältnifs-mäfsig spät stattfinden. Die Erforschung der Denkgesetze ist nicht die erste, sondern die letzte der Wissenschaften. Wollten wir selbst zugeben (wie Lassen Ind. Alt. I. 835 s. oben), die Logik habe als Hülfswissenschaft der Veda-Erklärung gedient, so kann ein solches Verhältnifs doch nicht in „der ältesten Zeit", sondern erst sehr spät statt-gefunden haben, nämlich dann, als die Sprache des Veda eine todte und der Inhalt der Hymnen dem Bewufstsein des indischen Volkes weit entrückt war. (Dieses Argument hat bereits Ritter, Gesch. d. Philos. I. p. 79 n. 3 gegen das Alter der Mîmânsâ geltend gemacht.) Auch von der mit der Nyâya nah verwandten Vaiçeshika-Philosophie findet sich im Mânava-Gesetz keine Spur. Die Gründe für die Annahme, das Gesetzbuch kenne das Mîmânsâ-System (die sog. karma- oder pûrva-mîmânsâ) des Jaimini sind durchaus unzureichend. Die Wurzel, von der der Name abgeleitet ist, findet sich zweimal, II. 10 u. IV. 224, aber in der gewöhnlichen Bedeutung von „erwägen, dis-kutiren". (Weber Vorl. p. 216. Ind. Stud. V. 184) [103]).

Wenn ich endlich behaupte, auch die Brahma- oder Çarîraka-Mîmânsâ, sonst Vedânta (Ende, Ziel des Veda) genannt, sei dem Gesetzbuche fremd, so werde ich nur bei denjenigen auf Zustimmung rechnen können, welche der Ansicht sind, das System Bâdarâyana's sei, wenn nicht das jüngste, so doch eines der jüngeren. Lassen freilich ist der Ansicht, die Sânkhya setze bereits die beiden Sy-

---

[103]) II. 10 heifst es: Die Offenbarung und die Ueberlieferung dürfen in keiner Beziehung diskutirt werden (im Gegensatz zu XII. 106) te sarvârthe-shvamîmâüsye. Kull. te ubhe pratikülatarkairna vicârayitavye; Jones: those two must not be oppugned by heterodox arguments; während der Text jede Art von „arguments" abweist. So IV. 224 die Götter, erwägt habend u. s. w. devâḥ mîmâüsitvâ. Wind. Sanc. p. 78 sagt: Mimansae prioris vestigia sae-pius apud Manum occurrant; sic IX, 32 proponitur questio plane e genere earum, quae illic tractantur. Die vielen anderen Stellen kenne ich nicht, die angeführte aber bezieht sich nicht im geringsten auf die Mîmânsâ. Wäre aber wirklich die Fragestellung die in der Mim. gebräuchliche, so stände es noch immer frei, das Argument umzukehren.

steme der Mîmânsâ voraus [104]). Colebrooke dagegen, dem
sich auch Weber anschlielst, hält die Vedânta für das
letzte der sechs Systeme [105]).

Darf ich einen Vergleich wagen, so möchte ich die
Sànkhya mit der jonischen Naturphilosophie, die Nyâya
und Vaiçeshika mit der Atomistik, die Vedânta mit den
Eleaten auf eine Linie stellen. Nun wird aber Niemand
behaupten wollen, die beiden ersten Richtungen wären als
eine Reaktion gegen die Lehren der Eleaten anzusehen.
Und müssen wir nicht a priori annehmen, nicht die idealistische, sondern die realistische Anschauung sei die der
Zeit und der Entwicklung nach frühere?

Wir sind aber in der Lage, uns nicht mit allgemeinen Voraussetzungen begnügen zu müssen. Die Vedânta-
Philosophie geht von dem Begriffe des Bráhma als des
absoluten Geistes, des reinen Seins aus. Ich habe aber
nachgewiesen (S. 35 f.), dafs in dem Gesetzbuche dieser
Begriff des Bráhma nicht existirt, eine Thatsache, welche
durch das Vorkommen des vieldeutigen Wortes Vedânta
nichts von ihrer Bedeutung verliert. Ich behaupte, dafs
derjenige Theil der Offenbarung (Çruti), welcher durch
das Wort Vedânta (Ende, Ziel des Veda) bezeichnet wird,
wenn nicht identisch, so doch sehr nahe verwandt ist mit
den Anfängen der philosophischen Spekulation, welche uns

---

[104]) Ind. Alt. I. 830; vgl. Wind. Sanc. 78; Duncker II. 164 u. 1, der
sich auf Roer, Lecture on the Sânkhya philosophy. Calcutta 1854. p. 19
beruft. D. verwechselt übrigens die Namen und theilweise auch die Lehren
der beiden Schulen der Mîmânsâ.

[105]) Ess. 210 From this (wegen der Erwähnung der heterodoxen Sekten in den Brahma-Sûtras), which is also supported by other reasons, there
seems to be good ground for considering the Çarîraças to be the latest of
the six grand systems of doctrine (darçana) in Indian philosophy: later, li-
kewise, than the heresies which sprung up among the Hindus of the military
and mercantile tribes (kshatriya and vaiçya) and which disclaiming the Vedas, set up a Jina or a Buddha for an object of worship; and later even
than some which acknowledging the Vedas, have deviated into heterodoxy
in their interpretation of the text. Leider liegt uns der Text der Brahma-
Sûtras nur in einem kleinen Theile vor; dafs aber die Çarîraka-M. die Sânkhya des Kapila voraussetzt, beweist vielleicht am schlagendsten die Vedânta-
Sâra, in welcher wir den Schematismus der Sânkhya fast vollständig wiederfinden; die Prinzipien sind natürlich ihrer realen Existenz entkleidet.

in den Upanishads (Sitzung, Vortrag) [106]) aufbewahrt sind. Sobald die Hymnensammlungen einigermafsen geordnet und die Anwendung der einzelnen bei den Opfern festgestellt war, mufste sich bei der zunehmenden Zahl und Besonderheit der Opferhandlungen das Bedürfnifs herausstellen, die betreffenden Vorschriften über die Ceremonien nicht allein, sondern auch über die Bedeutung der in den Liedern enthaltenen Aussprüche und über die Folgen der religiösen Handlungen zusammenzustellen. Dafs sich an diese Darstellungen philosophische Spekulationen sehr bald anschliefsen mufsten, ist unschwer zu erkennen.

Ich kann es mir um so weniger versagen, an dieser Stelle einen Ueberblick über die Litteratur des Gesetzbuches einzuschalten, als gerade ein solcher sehr geeignet ist, meine obige Behauptung zu unterstützen.

Drei Veda's kennt das Gesetzbuch, von denen es in I. 23 heifst, „Brahmá habe das dreifache Bráhma, den Ṛik, Yajus und Sâman aus dem Feuer, dem Winde und der Sonne herausgezogen zur Vollendung des Opfers." (Daher trayîvidyâ VII. 43; IV. 125; XI. 265.) Dafs dasselbe Wort, welches die Ursubstanz der Welt bezeichnet, zugleich dem Veda beigelegt wird, ist nicht ohne Bedeutung. Nach Roth bedeutet bráhma in den Hymnen des Ṛik „Andacht, Gebet". Sollen wir nun annehmen, Bráhma als Weltsubstanz und als Inbegriff des Veda seien im Gesetzbuche zwei ganz verschiedene Begriffe? Unmöglich. Wir wollen hier nicht untersuchen und es berührt unsere augenblickliche Untersuchung nicht, ob in Bráhma der Begriff der Andacht oder der der wachsenden, treibenden Urkraft die ursprünglichere (vielleicht auch im Veda?) ist. Im Gesetzbuche bedeutet Bráhma als Name der heiligen Litteratur nicht „Gebet". Denn unter Bráhma sind nicht nur die drei Veda's, sondern auch die Vedânta (VI. 83), also die sämmtlichen, an die Hymnensammlungen sich

---

[106] Vgl. Weber Vorl. p. 28. Müller hist. anc. Litt. p. 317 „The original Upanishad had their place in the Âraṇyakas and Bráhmaṇas. West. Zwei Abh.. p. 63.

anschliefsenden Werke zu verstehen. Man könnte einwenden, alle diese Werke hätten eine gewisse Beziehung auf den Veda (im engeren Sinne); das sei der Grund, wefshalb der Name des Veda auf sie übertragen werde. Dagegen aber spricht, dafs das Gesetzbuch, sobald es unterscheidet zwischen den eigentlichen Hymnen und der übrigen heiligen Litteratur, jene als metrische, diese, die Vedânga's (Glieder des Veda) als Brâhma bezeichnet [107]).

Aus dieser Stelle schliefse ich, dafs Veda im engeren Sinne nur die Hymnen bezeichnete (XI. 262 werden die Saṃhitâ's der drei Veden genannt, wie Vedasaṃhitâ ib. 258, 200, 77), Vedânga aber ursprünglich jedes andere Werk (s. Roth Nir. XXIV). Als aber die Lehren von Brâhma als Weltsubstanz sich Bahn brachen, das Hauptgewicht der religiösen Anschauungen also nicht mehr in den Hymnen des Veda, welche andere Ideen vertreten, lag, sondern in den sich anschliefsenden Werken, welche die neue Lehre als den tiefsten Sinn des Veda darzustellen suchten, da wurde diesen Werken der Name Brâhma beigelegt, insofern sie die Mittel angaben, durch welche man zur Vereinigung mit Brâhma gelangen konnte [108]).

Merkwürdig ist das Verhältnifs des Sâmaveda zu den übrigen. „Niemals soll der Brâhmane während des Gesanges des Sâman den Ṛik oder Yajus studiren, noch nachdem er das Ende des Veda und das Âranyaka gelesen." Denn „der Ṛigveda ist den Gottheiten geweiht, der Yajus bezieht sich auf den Menschen, der Sâman auf die Manen und daher die Unreinheit des Gesanges desselben" [109]). Die Unreinheit des Sâman hängt also mit der

---

[107]) M. IV. 98 chandâṅsi — vedâṅgâni tu sarvâṇi | 100 brahma chandaskṛitaṃ caiva. Cf. ib. 95, 96, 97; III. 188.

[108]) Vgl. West. Ueb. d. ält. Zeitraum p. 55 f. Der Name „Brâhmaṇa" findet sich im Gesetzbuch noch nicht. Roth Nir. XXVII nennt die Brâhmaṇas die „Dogmatik der Brâhmanen". Kull. zu VI. 83 brahma brahmapratipâdakam.

[109]) M. IV. 123 sâmadhvenâvṛigyajushi nâdhiyîta kadâcana | vedasyâdhîtya vâpyantamâranyakamadhîtyaca || 124 ṛigvedo devadaivatyo yajurvedastu mânushaḥ | sâmavedaḥ smṛitaḥ pitṛyastasmât tasyâçucirdhvaniḥ. Medh. açucisannidhânenâdhyetavyam. Kull. pitṛikarmakṛitvâ jalopasparçanaṃ smaranti. Ueber die Manen und das Todtenopfer s. M. III. 193 f.

Anwendung desselben bei dem Manenopfer zusammen; die
beiden ersten Veda's überragen den Sâman an Reinheit und
Heiligkeit. Eine weitere Charakteristik der Veda's finden
wir in folgendem Verse. „Der Brâhmane möge leise hersagen das Brâhma, welches sich auf das Opfer bezieht,
das, welches sich auf die Gottheiten, das, welches sich
auf das Selbst (vergl. S. 57) bezieht und das, welches in
dem Vedânta enthalten ist" [110]).

Nur an einer Stelle werden die Sprüche (Fluch- und
Zaubersprüche) der Atharva's und der Angiras (Namen
der ältesten Priestergeschlechter) erwähnt, deren sich der
Wiedergeborene unbedenklich gegen seine Feinde bedie-
nen möge, denn das Wort sei die Waffe des Brâhmanen [111]).

Welcher Art Werke wir unter den Veda-Gliedern
(Vedânga) zu suchen haben, ist oben angedeutet. Von
den sechs später sogenannten Vedânga's finden wir das
Kalpa (Liturgie) erwähnt (II. 140); unter den die Parishad
bildenden Brâhmanen (XII. 111) ist auch ein Kenner des
Nirukta (nairukta) genannt. Der Name des Yâska findet
sich nicht; wir sind also nicht berechtigt, die Existenz seines Werkes vorauszusetzen. Chandas (Metrik) ist unbe-
kannt; das Wort bedeutet im Gesetzbuch „Vers" im Gegensatz zur Prosa [112]). Dafs aber der Begriff des Vedânga
im Gesetzbuch durchaus nicht mit dem später gebräuch-
lichen zusammentrifft, erhellt daraus, dafs eben alle nicht-

---

[110]) M. VI. 83 adhiyajnam brahma japedâdhidaivikameva ca | adhyâtmi-
kaṃ ca satataṃ vedântûbhihitaṃ ca yat. Medh. adhiyajnaṃ karmabrâhma-
ṇam | âdhidaivikaṃ devatâprakâçana mantram | teshâmeva viçesha âdhyâtmi-
kamiti aham manurabhavam aham bhavam ahaṃ rudre'bhihitam (?) ityâdi
vedânta iti yadabhihitaṃ tadapi karmajnânasamuccayam brahmatvâddarçayati.
Kullûka erklärt adhyâtmikam durch: tathâ jívam adhikṛitya, auf den Menschen Bezug nehmend. Sollen wir unter adhiyajnam den Yajus, unter âdhi-
daivikam den Ṛik, unter adhyâtmikam den Sâman verstehen?

[111]) M. XI. 33. Vgl. Wind. Sank. 53. Web. Ind. Stud. I. 235, 446.

[112]) Goldst. Pân. p. 70. nâvispashṭamadhiyíta in IV. 99 bezieht sich
wohl nur auf die reine und deutliche Aussprache der Worte und Verse; von
Accentuirung keine Spur.

metrischen Theile so genannt werden [113]). So wird die Liturgie (Kalpa) in Uebereinstimmung mit dem späteren Sprachgebrauch, aber auch die Geheimlehre, d. h. die Upanishads zu den Vedànga's gerechnet [114]). Aufser dem Namen Vedànga finden sich noch mehrere ähnliche Ausdrücke, Zubehör des Veda, Anhänge des Veda u. s. w. [115]).

Betrachten wir nun den Gebrauch des Wortes Vedànta, so finden wir, dafs es nahezu dasselbe wie Vedànga bezeichnet; vielleicht mit Ausschlufs der liturgischen und derjenigen Theile, welches sich mehr auf die Form des Veda als auf den Inhalt und den Werth desselben beziehen. Ich schliefse das theils aus M. VI. 83 [116]), theils aus II. 160: „Wessen Mund und Herz rein und stets bewacht sind, der erlangt den ganzen, in dem Vedànta zuerkannten Lohn [117]). In dem oben citirten Verse aber (n. 109) wird das „Ende des Veda" neben dem Âranyakam (dem in der Waldeinsiedelei zu lesenden Werke) und dem Sàmaveda im Gegensatz zu den beiden ersten Veda's genannt [118]). Wir tragen defshalb Bedenken, den Vedànta unmittelbar mit den Upanishads zu identifiziren, wie Kullùka an den meisten Stellen thut; Vedànta ist wahrscheinlich ein

---

[113]) M. II. 140, 141 der Lehrer, welcher den (ganzen) Veda sakalpam saralasyam ca lehrt, heifst àcàrya; wer aber nur einen Theil des Veda oder die Vedànga's lehrt (ekadeçam tu vedasya vedàngànyapi và), heifst upàdhyàya.

[114]) Während in III. 175 von einem shadangavit gesprochen wird, lesen wir IV. 98 vedàngàni tu sarvàṇi.

[115]) vedopakaraṇa in II. 105 im Gegensatz zu svàdhyàya; vedapravacana in III. 184; vedasaparivṛñhanaḥ in XII. 109. Die Erklärung Kull.'s: aṅgamimànsàçàstrapuràṇàdyuparivṛñhitaḥ ist geradezu absurd.

[116]) S. n. 103. Kull. erklärt vedàntàbhihitam durch vedànteshùktam jnànam. Der Plural ist unerklärlich, wenn durch vedànta das philosophische System bezeichnet werden soll. Auch japet kann sich nicht auf philosophische Sùtra's beziehen; ebensowenig als vedàntam vidhivacchrutvà in VI. 93. Man darf nur eine Seite in Çaṅkara's Kommentar zu den Brahma-Sùtras lesen, um sich zu überzeugen, dafs vedànta, meist als Plural gebraucht: vedànteshu, sarve vedàntàḥ, vedàntavàkyàni u. s. w. die theologische Litteratur im Allgemeinen bezeichnet.

[117]) ... sa vai sarvamavàpnoti vedàntopagatam phalam. Jones: „attains all the fruit arising from his complete course of studying the Veda" doch zu wörtlich übersetzt. Medh. läfst die Wahl zwischen beiden Erklärungen. In Bhg. XV. 15 nennt Kṛishṇa sich selbst vedàntakṛidvedavideva càham.

[118]) Dafs vedasyàdhitya vàpyantam nicht heifsen kann „when he has just concluded the whole", ist aus dem Zusammenhang klar.

weiterer Begriff, während die Upanishads sich auf die philophische Spekulation beschränkten. Diese werden direkt erwähnt in M. VI. 29: „Mit diesen und anderen religiösen Uebungen (dikshâ Müller Hist. p. 390) beschäftige sich der um seiner Glückseeligkeit willen im Walde wohnende Brâhmane und mit den verschiedenen, in den Upanishads enthaltenen Offenbarungen" [119]). Im Uebrigen werden die Upanishads als Geheimlehren bezeichnet. (S. II. 140, 165; XI. 262. Cf. XII. 107, 117. Müller Hist. p. 318).

Einen weiteren Blick in die Litteratur des Gesetzbuches läfst uns folgende Stelle thun: „Bei dem Manenopfer soll der Brâhmane vortragen (hören machen) den Veda, die Gesetzbücher, die Legenden, die Erzählungen, die Purâna's und die Nachträge" [120]).

Es ist ein anerkannter Satz, dafs die Nichterwähnung eines Werkes oder einer Schriftart kein gültiger Beweis dafür ist, dafs zur Zeit der Abfassung eines bestimmten Werkes jene Schriftarten nicht existirten. Ich glaube, die Umkehrung ist gleich unbestreitbar. Die Erwähnung der verschiedenen Schriftarten berechtigt durchaus nicht zu dem Schlufs, dafs zur Zeit der Abfassung des betreffenden Werkes — in diesem Falle also des Gesetzbuches — die uns bekannten und unter jenen Namen aufbewahrten Schriften existirt haben. Vorbehaltlich also einer näheren Untersuchung und Vergleichung der uns bekannten Litteraturwerke mit dem Gesetzbuche, folgt aus den angeführten Stellen nur Eins mit Nothwendigkeit, dafs damals bereits eine ziemlich ausgebreitete Litteratur bestand, welche nicht in ihrer ursprünglichen Form, sondern in einer weiterentwickelten auf uns gekommen ist. (Web. Ind. Stud. I. 147.) Ich will damit nicht läugnen, dafs nicht manche Theile der Brâhmanas, der Upanishads, der epischen Dichtungen,

---

[119]) vividbâçcaupanishadirâtmasamsidddhayeçrutih se. sevetta.

[120]) M. III. 232 svâdhyâyam çrâvayet pitrye dharmaçâstrâni caiva hi | akhyânânîtihâsânçca purâyâni khilânica. Kull. âkhyânâni sauparyamaitrôvaruyâdini | itibâsân mâhabhâratâdiu | puráyâni brahmapuráyâdiui | khilâni çri-sûktaçivasankalpâdini. Jones: theological texts?

der Purâna's u. s. w. bereits zur Zeit der Abfassung des
Gesetzbuches existirt haben; die uns bekannten sind ohne
Zweifel in ihrer Gesammtheit jüngeren Datums.

Was insbesondere die Anfänge der philosophischen
Spekulation (in den Âranyakas und Upanishads) betrifft,
so bedarf es vor Allem eines eingehenden Studiums der
Texte, um das Verhältnifs derselben zu den philosophischen Sûtras sowohl, wie zu dem Gesetzbuche und anderen Werken festzustellen. Auf die Behauptung der Vedântisten, ihre Ansichten stützten sich direkt auf die Upanishads, ihr System sei eigentlich nichts als eine Mosaik
aus den disjecta membra der wahren Wissenschaft, die in
den Upanishads vertheilt seien, ihre Lehre sei gleichsam
die Essenz der Vedânta's, können wir um so weniger Werth
legen, als in späteren Zeiten sämmtliche philosophische
Schulen ähnliche Behauptungen aufstellten. Vergleichen
wir aber die Argumentationen der Vedântisten mit denen
der Sânkhya und Nyâya, so bemerken wir einen Unterschied der Methoden, welcher durchaus nicht zu Gunsten
der Vedânta spricht. Kapila beruft sich allerdings zuwei-
len auch auf die Offenbarung (çruti), aber nur in solchen
Fragen, welche mehr die äufsere Vollendung des Systems
betreffen (ein Beispiel s. p. 61, 62); er bemüht sich aber
und nicht ohne Erfolg, das System aus den einmal aufgestellten Voraussetzungen consequent zu entwickeln. Wenn
aber Bâdarâyaṇa, um zu beweisen, dafs der Weltgrund
nicht die unbewufste Natur der Sânkhya, sondern der be-
wufste Geist sei, sich auf Sätze der theologischen Litteratur beruft, in welchen dem Weltgrunde ein Wunsch zugeschrieben wird, so läfst eine solche Bestätigung doch
Manches zu wünschen übrig [121]).

---

[121]) Brah. Sût. I. 1, 5 îkshaternâçabdam. Die Ursache der Welt ist
nicht das pradhânam wegen des Reflektirens, weil die Welturaache von der
Offenbarung als reflektirend dargestellt ist. Als Beweis führt Çankara an die
Stelle (vgl. Chândogyop. IV. 2, 3. Çatp. Brah. II. 2. 4. 1; XIV. 4. 2. 30):
tadaikshata bahu syâm prajnyeya; dann stellte er sich vor: ich will mannig-
fach sein, ich will zeugen! Dafs Ï'ksh in diesen Verbindungen mehr als
das blofse Sehen bezeichnet, ist wohl unzweifelhaft; im anderen Falle hätten

Freilich mag der gröfste Theil der Versündigungen gegen die gemeine Logik auf die Rechnung der Kommentatoren kommen; aber die Brahma-Sûtra's sind vollständig unfafsbar ohne Kommentar, und auch das ist nicht ein Charakteristikum alter, sondern gerade jüngerer Werke. Und die Interpretationsmethode — wenigstens die der Vedânta-Kommentare — ist eine solche, welche einestheils gänzlichen Mangel an Kritik, anderntheils eine Zuhörerschaft voraussetzt, welcher sogar die in den älteren Upanishads vorherrschenden Anschauungen fremd und vollständig unverständlich geworden waren [122]).

8. Das Verhältnifs des Gesetzbuches zu der philosophischen Betrachtung überhaupt

bedarf noch einer kurzen Besprechung, insoweit die dahin gehörigen Momente nicht bereits in den beiden letzten Abschnitten ihre Erledigung gefunden haben. Im Anschlusse an die Lehren von den drei Erkenntnifsmitteln werden diejenigen als die ausgezeichnetsten Brâhmanen bezeichnet, welche sich auf die Offenbarung, die Sinneswahrnehmung und die Gründe verstehen [123]); unter den zehn Brâhmanen, welche die Parishad, die höchste Instanz in Rechtsfragen

---

fast alle von Çankara angeführten Sprüche gar keine Beziehung zu dem Sûtra. Vgl. Çankara: „sa imân lokânasrijâta" iti ikshâpûrvakâmeva drishtimâcashțe.

[122]) Als Beispiel verweise ich auf die Erklärung der Stelle der Kâțhop. III. 11 (cf. n. 17) in Brah. Sût. I. 4. 1. Col. Ess. 223. Col. p. 224: „It is because the Sânkhya doctrine is, in the apprehension of the Vedântins themselves, to a certain degree plausible and seemingly countenanced by the text of the Vedas (d. h. der çruti), that its refutation occupies so much of the attention of the author and his scholiasts. More than one among the sages of law (Devala in particular is named) have sanctionned the principles of the Sânkhya, and they are not uncountenanced by Menu."

[123]) XII. 109 dharmeņâdhigato yaistu vedaḥ saparivriṁhaṇaḥ | te çishţâ brâhmaṇâ jneyâ çrutipratyakshahetavaḥ. Medh. çrutipratyaksho (çrutiḥ pratyaksho?) hetuçca teshâm çrutipratyakshahetavaḥ. hetu steht also für anumâna in 105 im Sinne des logischen Räsonnements überhaupt; wie Râgh. zu 109: hetuḥ pañcâvayavânumânam. Col. Ess. 185.

bilden, wird ein mit den Beweismitteln Vertrauter, ein Exeget (der mit der philosophischen Betrachtung vertraut ist) neben den Kennern der drei Veda, der Worterklärung, des Gesetzes u. s. w. genannt [124]).

Die philosophische Betrachtung (tarka) aber wird in einem wahrscheinlich eingeschobenen Verse [125]) dahin beschränkt, daſs sie für die Erkenntniſs des Rechtes nur insoweit gültig sei, als sie dem Veda und den Lehrbüchern (çâstra) nicht widerspreche. Da die Lehrbücher d. h. die Ueberlieferung wiederum nur insofern Werth hat (II. 13), als sie mit der Offenbarung übereinstimmt [126]), so soll diese

---

[124]) XII. 111 traividyo hetukastarki nairukto dharmapâṭhakaḥ. Die Handschriften lesen theils hetuka, theils haituka (Lass. Ind. Alt. I. 885 n. 8). Sollte haituka in IV. 30 den Nebenbegriff des Sophisten haben? Medh. anumânâdikuçalaḥ hetukaḥ | ûhâpohabuddhiyuktaḥ tarki, also der im Prüfen und Abwägen Erfahrene. ûhâpohaviçârada MBh. XIII. 6725, 6775. Zu ûha cf. Kâr. 51; Kap. III. 44. haituka ist nach Wilson a follower of the mîmânsâ, nach Kull. çrutismṛityaviruddhanyâyajnaḥ (IV. 30 vedaviruddhatarkavyavahâripaḥ), Râgh. târkikaḥ; tarkin nach Wils. a follower of the tarkaçâstra; nach Kull. mîmânsâtmakatarkavid, Râgh. mîmânsakaḥ; tarka erklärt Kull. in 106 durch yastadaviruddhena mîmânsâdinyâyena vicârayati, Râgh. mîmânsâ, Medh. yas tarkenânumânântareṇayuktvâ nirûpayati | ûhâpohatarkasiddhiḥ; Vijn. zu Kap. I. 65 citirt den Vers und fügt hinzu: vedâviruddhatarkasyaivârthaniçcâyakatvamuktam.

[125]) M. XII. 106 ârshaṃ dharmopadeçaṃ ca vedaçâstrâvirodhena | yastarkeṇânusaṃdhatte sa dharmaṃ veda netaraḥ. Wer das Ṛishi-Werk (die Hymnensammlung) und die Rechtsvorschrift gemäſs der mit dem Veda nicht in Widerspruch stehenden philosophischen Betrachtung erforscht, der allein kennt das Recht. Râgh. ṛishîrmantradṛishṭâ munistadukto vedaḥ. Jones übersetzt: „... who can reason on the general heads of that system (of duties) as revealed by the holy sages." ârsham als nähere Bestimmung zu dharmopadeçam zu fassen, wäre des Sinnes halber vorzuziehen nach Analogie von III. 21, 29, wenn nicht das auf dharmop. folgende ca dem entgegenstände. Es ist aber doch ein eigenthümlicher Gedanke, der Veda und das Gesetz (çruti und smṛiti) sollten einer dem Veda-Werk (XII. 94) nicht widersprechenden Betrachtung unterworfen werden; es hieſse, eine unbekannte Gröſse mittelst einer anderen, ebenfalls unbekannten bestimmen. Daſs unter tarka (s. 108) wirklich nicht die Logik zu verstehen, giebt auch Medh. zu, der als eines der dem Veda Widersprechenden das System Kapila's nennt. Ebenso zu II. 11 hetuçâstraṃ nâstikatarkaçâstram bauddhacârvâkâdiçâstram.

[126]) M. XII. 95 yâ vedavâhyâḥ smṛitayo yâcca kâcca kudṛishṭayaḥ | sarvâstâ nishphalâḥ pretya tamonishṭâ hi tâḥ smṛitâḥ. II. 10 dharmaçâstraṃ tu vai smṛitiḥ. kudṛishṭi bedeutet nach dem buddhistischen Sanskrit-Tibetischen Wörterbuche Vjutpatti 118 ein heterodoxes philosophisches System. Zu vedavâhyâḥ smṛitayaḥ vgl. Col. Ess. 199 die Ansicht des Kumârila über die Smṛiti der Çâkya's und Jainas, beide der Kriegerkaste angehörig. Çaka's werden X. 44 als zu Çûdra's gewordene kshatriyajâti genannt.

also das absolute Maaſs der Erkenntniſs sein. In dieser
Beschränkung ist aber zugleich enthalten, daſs es auch
philosophische Betrachtungen gab, welche mit der Offenbarung in direktem Widerspruche waren, und nichts beweist schlagender, daſs das Gesetzbuch in exclusiv bräh-
manischem Sinne und Interesse überarbeitet worden ist,
als solcherlei Aeuſserungen, welche auf die Verdammung
alles selbstständigen Denkens hinzielen. Ist die Offenbarung die höchste Auktorität, so ist die Lehre von den
Beweismitteln vollständig überflüssig, wie die Mîmânsâ
thatsächlich beweist. Da aber die Stoffe, aus welchen die
Offenbarung besteht, durchaus verschieden sind und —
soweit ein Schluſs von der uns vorliegenden Litteratur auf
die frühere erlaubt und die Analogie der menschlichen Entwicklung überhaupt maſsgebend sein kann — auch verschieden waren, so konnte die Ausscheidung der nicht-or-
thodoxen Ansichten und Werke erst verhältniſsmäſsig spät
erfolgen, d. h. erst dann, als Eine bestimmte Anschauung
in den maaſsgebenden Schichten des Volkes die Oberhand
gewonnen hatte. Ich meine, als im Anschlusse an die Vedische Zeit der indische Geist eine weniger poetische, aber
den religiösen und spekulativen Fragen mehr zugewandte
Richtung nahm, als Sammlungen der vedischen Hymnen
mehr oder weniger vollständig je nach einzelnen Gegenden und Schulen veranstaltet wurden, da bildeten sich
ebenso viele verschiedene Richtungen des Denkens aus.
Und diese Periode darf man sich nach unserer Ansicht
durchaus nicht als unter dem vorherrschenden Einflusse
der Priesterkaste denken. Werden ja selbst in M. XII.
46 die Opferpriester der Könige noch mit den Königen in
einer Reihe, also als der Kriegerkaste angehörig genannt
(und auch im Mahâbhârata). Die vollständige Absonderung
der Priesterkaste von dem Volke wurde erst nach und nach
durchgeführt; sie bildete den Schluſsstein des indischen Staates, wie das Gesetzbuch denselben darstellt. Sobald das
indische Volk in dem ruhigen Besitze des Gangesthales
war, nahm die Bedeutung der Kriegerkaste ab, und von da

an begann der Kampf zwischen der Krieger- und der
Priester-Kaste, welcher leider mit dem Siege der letzteren endete. Unduldsam, wie überall und zu allen Zeiten
die Hierarchie, wandte das Brâhmanenthum alle geistige
Kraft auf, entgegenstehende Auktoritäten und Ansichten
zu unterdrücken. Der Sieg des Brâhmanenthums war der
Sieg des idealistischen Prinzipes, dessen letzte Konsequenzen in der Philosophie der Vedânta vorliegen. Es war
natürlich, daſs die Brâhmanen ihre Ansichten als eine Konsequenz der vedischen Wissenschaft, in deren vorzüglichen
Besitz sie waren, darzustellen suchten. In dieser Zeit wurde
Einheit in die Hymnensammlungen gebracht und die Lit-
teratur-Werke der älteren Periode überarbeitet. Die unbedingte Anerkennung der Auktorität der Offenbarung in
dem Gesetzbuche ist nicht ein Zeichen des Alters, sondern
der Jugend. Der häufige und energische Tadel der dem
Veda widersprechenden Ansichten beweist gerade, wie hef-
tig der Kampf der Ideen war. Ich will kein besonderes
Gewicht darauf legen, daſs der mit den Beweismitteln Ver-
traute (haituka), welcher in XII. 111 als Mitglied der Ver-
sammlung erscheint, der die Entscheidung über streitige
Rechtsfragen zugetheilt war, in IV. 30 zugleich mit den
Pâshaṇḍins (Ketzer, Lass. Ind. Alt. II. 106, 238, 264 und
466, Amar. Kosh. II. 7, 44), mit denen, die verbotenen Beschäftigungen nachgehen und ähnlichen Verworfenen als ein
solcher genannt wird, welchen der Brâhmane keines Wortes würdigen soll. An einer früheren Stelle aber wird
ausdrücklich erklärt, die Offenbarung und die Ueberlieferung sollten überhaupt nicht diskutirt werden. „Wer jene
beiden Wurzeln alles Wissens gering schätze, indem er sich
auf die Diskussion der Gründe stütze, der solle als Leugner
und Veda-Verächter aus der Gesellschaft der Guten ausge-
stoſsen werden" [127]). Schärfer läſst sich der Gegensatz zwi-

---

[127]) II. 10 (n. 103), 11 yo'vamanyeta te mûle hetuçâstrâçrayâddvijaḥ | sa
sâdhubhirvahishkâryo nâstiko vedanindakaḥ. Gegen die vedanindaka s. III.
161; nindaka II. 201; vedanindâ IV. 163, XI. 56; nâstika III. 150; VIII.
22, 309; nâstikya III. 65; IV. 163; XI. 66; XII. 33 (Tat. Sam. § 41); de-

schen denen, welche sich auf die Auktorität und denen,
welche sich auf Vernunftgründe stützen, nicht wohl aus-
sprechen.

9. Ueber die Zeit der Abfassung des Gesetzbuches und über die Stellung desselben zum Buddhismus.

Wenn unsere Auffassung die richtige ist, so müssen wir
schliefsen, dafs die besprochenen Stellen des I. u. XII. Buches des Mànava-Werkes nicht die jüngeren, sondern die
älteren Anschauungen enthalten. Den eigentlich praktischen
Kern des Werkes den Verhältnissen anzupassen, hatten die
Kreise, in welchen die Ueberarbeitung stattfand, ein ganz
unmittelbares Interesse. Es galt das Resultat einer historischen Entwicklung als ein göttliches unantastbares Werk
darzustellen [128]). Zu diesem Zwecke wurden die Vorschrif-

---

vatânâṃ kutsanam IV. 163. Goldst. Lex. s. v. animâusya sucht den Widerspruch hinweg zu interpretiren, jedoch in wenig überzeugender Weise.
Den Gegensatz zwischen den im Anfang des zweiten Buches ausgesprochenen Ansichten und denen der Karma-mimânsâ hebt Goldstücker sehr scharf
hervor; dafs aber die Kommentatoren Recht haben, wenn sie den ganz un-
zweideutigen Ausspruch in II. 10 durch XII. 106 beschränken, vermag ich
nicht einzusehen. Dafs ʃ'mimâns nicht im prägnanten Sinne der Mimânsâ
gebraucht ist, habe ich oben erwähnt. G. aber sagt: It seems clear therefore that Manu agreed more with the Nyâya method, than which that
of the Mimânsâ, and that the word animâusya used by him in II. 10 ex-
pressed a direct opposition to a system which is either the same as that
which has come down to us or corresponded with it at least in the begin-
ning portion of its contents. Ich räume ein, dafs Manu, indem er drei pramâṇa's anerkennt, sich mehr der Nyâya nähert, welche vier pramâṇa kennt,
als der Mimânsâ, welche die çruti als hauptsächlichstes pramâṇam annimmt.
G. sagt aber selbst: „This system (M. II. 13), moreover, knows originally
but one standard by which authority should be „measured"; its pramâṇa is
the Veda." Müll. Hist. 428.
[128]) Eine unverkennbare Spur der Umarbeitung ist die häufige Anfüh-
rung Manu's selbst (ityabravinmanuḥ V. 41, 131; VI. 54; VIII. 124, 168,
279, 339; IX. 158, 182, 239; X. 63, 78 u. s. w.), bei denen es immer zweifelhaft ist, ob es sich um ältere, bereits geführdete Vorschriften handelt oder
um neue, welchen die Auktorität des Manu Svâyambhuva als Deckmantel
dienen soll.

ten über die häuslichen Gebräuche (grihya-sûtra) und die Rechtsvorschriften (sâmayâcârika- oder dharma-sûtra welche bis dahin in gesonderten Werken gesammelt waren, eng mit einander verschmolzen. Eine Hindeutung auf jene Bestandtheile enthält vielleicht die Stelle des Gesetzbuches [129]), in welcher das vedische (kalpa-sùtra), das weltliche und das auf das Selbst (die Person) bezügliche Wissen unterschieden werden. Ob uns noch Einzelwerke der Art, welche eine wesentlich ältere Stufe der brâhmanischen Entwicklung aufweisen, erhalten sind, ist eine offene Frage [130]). Es ist aber natürlich, daß die älteren Werke in Vergessenheit geriethen, sobald das Mànava-Gesetzbuch als Kanon des indischen Lebens anerkannt war.

Ueber die Zeit, in welcher die vorliegende Redaktion stattgefunden, ist es nicht leicht, auch nur eine annähernd sichere Hypothese aufzustellen; leichter, die bis jetzt aufgestellten als unhaltbar nachzuweisen. Es ist nicht meine Aufgabe, an dieser Stelle die bezügliche Untersuchung aufzunehmen; ich muß mich mit einigen Andeutungen begnügen.

Mit dem Zuge Alexander des Großen beginnt das Halbdunkel der indischen Geschichte sich aufzuhellen. Das erste historisch sichere Datum (Müll. Hist. p. 274 f.) ist die Zeit der Herrschaft des Stifters der Maurya-Dynastie zu Pàṭaliputra, des Caudragupta, des Großvaters Açoka's, des Zeitgenossen von Seleucus Nicator, mit welchem er ein Bündniß schloß um das Jahr 315 a. Chr. In das Ende des vierten und den Anfang des dritten Jahrhunderts vor Christi Geburt fallen die Reisen des Megasthenes nach Indien. Leider ist uns das Werk des Me-

---

[129]) M. II. 117 laukikaṃ vaidikaṃ vâpi tathâdhyâtmikameva ca jnânam. Medh. loke bhavaṃ laukikaṃ | lokâcâraçikshayaṃ | atharâ gîtanrityavâditrakalânâṃ vâtsyâyanasya (Verfasser der Suçruta?) viçâlâdikalâvishayagranthajnânam (daher Kull.: arthaçâstrâdijnânam | vaidikaṃ vidhicoditaṃ vedavedâṅgasmṛitivishayaṃ | adhyâtmikavidyâ | âtmopanishadvidyâ (Kull. brahmajnânam) | âtmopacârâdvâçarirasya. Cf. Müller Hist. p. 169—209. M. I. 118.
[130]) Das Citat aus den Sâmayâcârikasûtras des Ápastamba bei Müller Hist. p. 208 stimmt mit dem Gesetzbuch vollständig überein.

gasthenes selbst nicht erhalten; es ist aber von spätern griechischen Schriftstellern vielfach benutzt worden.

Eine Vergleichung des Bildes von dem indischen Leben, welches uns die Nachrichten des Megasthenes [131]) vorführen, mit dem des Gesetzbuches beweist, daſs damals noch das Mânava-Gesetz im Groſsen und Ganzen das brâhmanische Volk beherrschte. Wir beobachten aber manche Abweichungen und Weiterbildungen. Der Çiva-Dienst bei den Bewohnern der Gebirge, der Krishṇa-Dienst bei denen der Ebene (Lass. II. 698. Web. Vorl. 242 schreibt dem Gesetzbuche mit Unrecht die Kenntniſs der Göttertrias zu.), die Nennung Buddha's (allerdings erst in Clem. Alex. Strom. I. p. 305 s. Meg. Frag. 43. Lass. II. 446) weisen auf eine spätere Zeit. Wir sind aber durchaus nicht gezwungen, die Abfassung des Gesetzbuches vor Buddha's Tode (mag das wahrscheinlichste Todesjahr 477 oder 543 a. Chr. sein) [132]) anzunehmen. Bis zur Zeit Açoka's (263 a. Chr.) bildeten die Buddhisten nur eine der vielen Sekten, mit welchen die orthodoxen Brâhmanen zu kämpfen hatten. (Müll. Hist. 260 f.) Es wäre also mehr als bedenklich, jedes Werk der indischen Litteratur, welches die Buddhisten nicht erwähnt, in das fünfte oder gar sechste Jahrhundert v. Chr. zu verweisen. Man hat sich auf die ältesten buddhistischen Schriften berufen[133]); es ist aber nachgerade festgestellt, daſs wir für die Existenz der buddhistischen Sûtra's, des Dhammapadam u. s. w. vor der Zeit der dritten Synode unter Açoka's Herrschaft (246 oder 242 a. Chr.) keinen Beweis haben. Der Unterschied also zwischen den Bestimmungen der ältesten buddhistischen Schriften und dem Gesetzbuche beweisen für das Alter der vorliegenden Redaktion noch weniger als die Berichte des Megasthenes.

---

[131]) Schwanbeck, Megasthenis Indica. S. Lass. Ind. Alt. II. 660 — 729.

[132]) Müll. Hist. p: 298. Eine genaue Prüfung der verschiedenen chronologischen Angaben enthält Westergaard's Aufsatz: „Ueber Buddha's Todesjahr". Das Resultat ist negativ.

[133]) M. Duncker Gesch. d. Alt. II. 96 Note, woselbst die Gründe für die Annahme des sechsten Jahrhunderts übersichtlich zusammengestellt sind.

Es ist andrerseits behauptet worden, „der vorliegende
Text des Manu könne in dieser Gestalt noch nicht einmal
zur Zeit sogar der späteren Theile des Mahábhárata vor-
gelegen haben." (Web. Vorl. 243. Cf. Müll. Hist. p. 61.)
Nun läſst aber Weber das Mahábhárata nach der Zeit
des Megasthenes entstehen (ib. 176). Ich glaube, wir
müssen (mit M. Müll. Hist. p. 62. Lass. Ind. Alt. I.
489—491) anerkennen, daſs die Ansichten Lassen's, der
einem groſsen Theile des Epos vorbuddhistischen Ursprung
zuschreibt, bis jetzt nicht widerlegt sind. Es käme also
darauf an, zu untersuchen, ob die Stellen, welche in un-
serem Texte des Mahábhárata dem Manu zugeschrieben
werden [134]), sich in den älteren oder in den jüngeren Theilen desselben finden; ferner ob sie auf das Gesetzbuch be-
zogen werden müssen oder ob sie sich auf andere ähnliche
Werke der Mánava-Schule beziehen. Daſs das Epos zur
Zeit des Megasthenes nicht existirt haben kann, weil die
Berichte desselben die Páṇḍu-Sage nicht erwähnen, wäre
nur in dem Falle anzunehmen, wenn eben das vollständige
Werk des Megasthenes vor uns läge.

Wenn wir aber, auf die Berichte der Griechen gestützt, annehmen, daſs gegen Ende des vierten Jahrhunderts a. Chr. die Verehrung des Krishṇa und des Çiva neben der des Brahmá in Indien verbreitet gewesen, so müssen wir daraus schlieſsen, daſs diejenigen älteren Theile
des Mahábhárata, welche mit dem Krishṇa-Dienste nicht
zusammenhängen, einer früheren Zeit angehören, also etwa
vor 350 a. Chr. Prof. Lassen aber hält das Rámáyaṇa für
älter als das Mahábhárata (Ind. Alt. I. 485, 493; dagegen
Web. Vorl. 181 f.). Nun aber entsteht die Frage, ob wir
aus dem Umstande, daſs das Gesetzbuch weder die Páṇḍu-
Sage noch die von Ráma kennt, die vorliegende Redaktion
einer beiden Werken vorhergehenden Periode zuschreiben
müssen. Es tritt einer solchen Annahme, welche auf einem

---

[134]) Holtzmann, über den griech. Urspr. p. 14, 15. Auf den Unterschied zwischen Manu und den Puráṇa's habe ich bereits aufmerksam gemacht.

an sich nicht nothwendigen Schlusse beruht, die Thatsache entgegen, daſs. in einigen Theilen der epischen Dichtungen Zustände geschildert werden, welche einen einfa-
cheren und also älteren Charakter haben als die im Gesetzbuche gezeichneten (Lass. I. 805). „Man wird überhaupt,
sagt Prof. Lassen (I. 491), bei der ältesten Indischen Litteratur zuerst das sehr weitläufige Geschäft ausgeführt haben müssen, das relative Alter der einzelnen Theile derselben zu einander festzusetzen, ehe man Zeitbestimmungen
wird unternehmen dürfen."

Es sind aber hauptsächlich Erwägungen einer ganz
anderen Art, welche mich bestimmen, das fünfte Jahrhundert v. Chr. als den frühesten Zeitpunkt der Abfassung
des vorliegenden Gesetzbuches anzunehmen. Ich will von
den Beziehungen desselben zur Sânkhya-Philosophie und
zum Buddhismus reden. Wir haben nachgewiesen, daſs
das Gesetzbuch die Keime der Sânkhya-Philosophie enthält. Folglich, könnte man sagen, muſste die Redaktion
des Gesetzbuches eine geraume Zeit vor Buddha erfolgt
sein, weil die Lehre Buddha's sich an das vollendete Sânkhya-System anschlieſst. (Cf. Burn. Intr. p. 486 f. Lass.
Ind. Alt. II. 461.) Dieser Schluſs aber beruht auf der vollständig unbewiesenen Voraussetzung, daſs die Lehre des
Buddha, der a. 477 v. Chr. starb, uns in den frühestens
300 v. Chr. aufgezeichneten ältesten buddhistischen Werken getreu aufbewahrt sei. Allerdings behaupten die buddhistischen Schriften, auf der kurz nach Buddha's Tode
stattgehabten ersten Synode (Lass. II. 79; Web. Vorl. 254)
habe Ânanda die Sûtra, Upâli die auf die Disziplin (Ethik)
bezüglichen (vinâya), Kâçyapa die philosophischen Lehren
(abbidharma) des Meisters aufgezeichnet. Die Nachricht
ist an sich unwahrscheinlich, weil der Buddhismus fast drei
Jahrhunderte gebraucht hat, ehe er eine politische Bedeutung erlangte. Liegt es doch in der Natur der Sache, daſs
späterhin behauptet wurde, die Lehren Buddha's seien trotz
des blühenden Sektenwesens unverfälscht erhalten; es be-

stehe eine ununterbrochene Kontinuität der Lehrenden. Man ergänzte also die Tradition, welche sich in engeren Kreisen mochte erhalten haben. Aber, wenn auch kurz nach a. 477 die bezeichneten Werke verfaſst wurden, wo ist der Beweis, daſs es die uns vorliegenden sind?

Wir haben gesehen, daſs das Gesetzbuch sich mit groſsem Nachdruck gegen die Verächter der Götter, die Leugner, Veda-Spötter u. s. w. ausspricht. Bráhmanische Sekten sind das schwerlich, da diese als Pàshaṇḍa's bezeichnet und nach dem Ausdruck „Pàshaṇḍaschaar" ziemlich zahlreich gewesen sein müssen; hatten sie doch ihre besonderen Gesetze (M. I. 113, IV. 30 u. s. w. Lass. II. 466). Nun muſs es aber auffallen, daſs sich im I. und XII. Buche neben den Sànkhya-Anschauungen sehr wenig Polemik findet; gleich im Anfange des II. Buches aber tritt der Gegensatz zwischen orthodoxen und heterodoxen Ansichten sehr scharf hervor; nach dem dort empfohlenen Maaſsstabe war auch der Inhalt des XII. Buches heterodox. Da später unter Leugner (nàstika, Col. Ess. 244) stets Buddhisten verstanden wurden, so muſs man sich fragen, ob das nicht auch im Gesetzbuche der Fall ist. Die Entstehung der Sekte der Pàshaṇḍa setzt Lassen selbst in die Zeit von der Entstehung des Buddhismus bis auf Vikramàditya. Da aber das Gesetzbuch dieselbe kennt, so ist sie entweder vorbuddhistisch oder das Gesetzbuch nachbuddhistisch.

Wir werden vorab darauf verzichten müssen, die Lehren der buddhistischen Schriften unmittelbar auf Buddha selbst zurückzuführen. Mit gröſserer Sicherheit aber können wir den Charakter der buddhistischen Anschauungen bestimmen. Buddha sowohl wie Kapila gehörten der Kriegerkaste an, welche sich durch das Streben der Bráhmanen nach Oberherrschaft in ihrer staatlichen Stellung bedroht sahen. (Cf. Müll. Hist. p. 79 f. Web. Vorl. 248 f.) Die Bráhmanen stützten ihre Prätensionen vornehmlich auf die Offenbarung d. h. die vedischen Hymnen und bemühten sich, die übrigen Kasten von der heiligen Wissenschaft auszuschliefsen; die Kriegerkaste aber nahm den Kampf nicht nur auf dem Gebiete des Staates, sondern auch auf dem geistigen Gebiete auf. Sie bestritten also die unbedingte Autorität der Offenbarung und zogen sich defshalb den Namen der Veda-Spötter und ähnliche zu. Sie liefsen den Satz, dafs nur ein Mitglied der Priesterkaste der höchsten Erkenntnifs fähig sei, nicht gelten und legten ihren Ansichten die Verstandeserkenntnifs zu Grunde. Kapila nahm allerdings die Unterschiede der verschiedenen Volksklassen als etwas historisch Gegebenes an, bestritt aber die Behauptung der Priester, welche diese Unterschiede auf ein göttliches Gesetz zurückführen wollten. Ganz von denselben Voraussetzungen wie Kapila ging auch Buddha aus; der einzige Unterschied mochte der sein, dafs Buddha sich mit den Ergebnissen seiner Forschung direkt an das Volk wandte. Je drohender die Macht der Priester wurde, um so volksthümlicher entwickelten sich die Ansichten des Buddhismus. Im vierten Jahrhundert v. Chr. war also das geistige Leben in Indien in grofser Blüthe und Bewegung. Auf der Einen Seite die heilige Wissenschaft der Priester, die sich praktisch in der orthodoxen Religion, theoretisch in den idealistischen Philosophemen offenbarte; auf der anderen Seite die Weltwissenschaft der Kriegerkaste, auf dem theoretischen Gebiete durch die Philosophen der Sânkhya und die Atomisten, auf dem praktischen durch die buddhistische Bewegung vertreten.

Es liegt in der Natur der ganzen Entwicklung, dafs die eigentliche Rechtslitteratur (dharmasûtra) in den Kreisen der Kriegerkaste, der ja auch das Richteramt oblag, sich bildete. Als aber die Priesterkaste übermächtig wurde, eignete sie sich das fremde Material an und verschmolz die religiösen mit den weltlichen Vorschriften zu einer Einheit. Aus diesem Umstande erklärt sich der Zusammenhang zwischen den Gesetzsammlungen und der Sânkhya-Philosophie: beide waren auf demselben Boden entstanden. Es erklärt sich daraus ferner, dafs diejenigen Theile des

Gesetzbuches, welche die religiösen Vorschriften enthalten, in innigem Bezuge zu der vedischen Litteratur stehen.

Aus der Nichterwähnung von Ereignissen und Litteraturwerken in dem Gesetzbuche dürfen wir nicht schliefsen, dafs dieselben zur Zeit der Abfassung nicht existirt haben; wir sind aber gezwungen anzunehmen, dafs die vorgetragene Pflichtenlehre [135]) den damaligen Zuständen entsprach, dafs die Lehre von der Seelenwanderung und der Weltbildung damals nicht weiter entwickelt war, als das Gesetzbuch sie uns mittheilt. Die Sânkhya-Philosophie also war noch in der Ausbildung begriffen. Wenn nun schon damals buddhistische Sekten bestanden, so ist es unmöglich, dafs die Lehren derselben identisch waren mit denjenigen, welche die ältesten buddhistischen Schriften enthalten. Um diese Thatsache zu erweisen, genügt es, die angeblichen Lehren des ältesten Buddhismus in Betracht zu ziehen. Die Behauptung, dafs alle Erscheinungen inhaltsleer d. h. ohne Substanz [136]) seien, hebt die Grundanschauung der Sânkhya in Betreff der Realität der Prinzipien auf; sie wurde aber, wie Colebrooke [137]) angiebt, von Einigen gar nicht, von Anderen in beschränkter Weise aufgestellt; wir sind auch in dieser Beziehung gezwungen, die Annahme der Realität (Substanzialität) der Erscheinungen als die ursprünglichere anzunehmen. Die eigenthümliche Theorie ferner der Ursachen und Wirkungen [138]) setzt die vollständige Entwicklung der Prinzipien der Sânkhya voraus. (Cf. Web. Vorl. 267 f.) Was endlich die Grundlehren der Moral, die von den vier höchsten Wahrheiten (Dhammap. v. 190, 191) betrifft, so sind die erste, dafs

---

[135]) insofern dieselbe anf thatsächlicher Grundlage beruht, was nicht ausschliefst, dafs die Bráhmanen ihre Voraussetzungen, z. B. über das Entstehen der Veda's, der Kasten u. s. w. als Thatsachen hinstellen konnten.

[136]) çûnya und anâtmakâ. Burnouf Intr. p. 462 f. Coleb. Ess. 251. Lassen Ind. Alt. II. 481.

[137]) Ess. 252 others, again, affirm the actual existence of external objects, no less than of internal sensations: considering external as perceived by senses; and internal as inferred by reasoning. Madhusû. Ind. Stud. I. 13.

[138]) Burnouf Intr. 485 f. Col. Ess. 255. Lassen Ind. Alt. II. 461. Weber Ind. Stud. III. 15 f. Duncker Gesch. d. Alt. II. 186 f.

alles Seiende den Schmerzen der Geburt, des Todes, des
Alters, der Krankheit u. s. w. unterworfen sei und die zweite,
dafs daher die Sehnsucht nach der Befreiung von jenen
Schmerzen entstehe, in Uebereinstimmung mit der Philosophie des Kapila (S. 51 f.); die dritte, dafs die Befreiung
von den stets neu geborenen Schmerzen nur durch die Vernichtung des Nichtwissens (avidyâ = prakriti) als des Grundes der individuellen Existenz möglich sei, beruht auf der
Annahme der Nicht-Realität alles Seienden; die vierte endlich stimmt mit der Sânkhya überein, insofern sie die Un-
wirksamkeit der religiösen Ceremonien, die Wichtigkeit der
Tugend und der Erkenntnifs als Mittel der Befreiung aufstellt; die Reihe der acht Tugenden (Burnouf Lotus de la
bonne foi p. 544 nur sechs) ist offenbar späteren Ursprungs.

Insofern die Grundlehren der buddhistischen Moral
mit den Lehren Kapila's übereinstimmen, finden sie sich
bereits im Gesetzbuche. Von dem gröfsten Werthe aber
für die Bestimmung der Zeit, in welcher die Redaktion
des Gesetzbuches erfolgte, sind diejenigen Uebereinstimmungen zwischen den buddhistischen Ansichten und den
Bestimmungen des Gesetzbuches, welche nicht auf die Sânkhya als auf die gemeinsame Quelle zurückgeführt werden können.

Als Gegenstand der Vergleichung wähle ich die unter dem Namen „Dhammapadam" bekannten Lehrsprü-
che [139]), welche die buddhistische Tradition (auf Ceylon)
Buddha selbst in den Mund legt; einestheils weil das Dhammapadam unstreitig eines der ältesten buddhistischen Do-
kumente ist, anderntheils weil es durchaus nöthig ist, zwei
so scharf als möglich abgegrenzte Objekte der Vergleichung
zu haben. Was das Alter des Dhammapadam betrifft, so
scheint es uns unbedenklich, die in dem Edikte von Babra
erwähnten „moneyasûtra, le sûtra du solitaire" mit den uns

---

[139]) Ich citire nach der von A. Weber in Zeitschr. d. D. M. G. XIV.
29 f. veröffentlichten Uebersetzung und zwar nach den Verszahlen. Den Pali-
text mit lateinischer Uebersetzung hat V. Faussböll Havniae 1855 herausgegeben.

erhaltenen Sûtra's, die „moneyagâtha, les stances du solitaire" mit dem dhammapadam zu identifiziren (Web. a. a. O.
30, Ind. Stud. III. 56), um so mehr, da der Scholiast
Buddha ghosha die einzelnen Sprüche als gâtha zu bezeichnen pflegt [140]). Da die Synode von Magadha (nach
Lassen 246, nach Müller 246 oder 242 v. Chr.), an welche sich der König Açoka in dem Edikte wendet, das Gesetz, zu dessen Bestandtheile auch die Sûtra's und Gâthâ's
zählen, hören und darüber nachdenken soll, so schliefst
Weber, dafs die erste Redaktion des Dhammapadam bereits dem dritten Jahrhundert v. Chr. angehöre. Auf die
Angabe, dafs die erste schriftliche Feststellung der heiligen Texte erst im J. 80 v. Chr. in Ceylon stattgefunden
hat, möchte ich wenig Gewicht legen, wenngleich das
Dhammapadam bis jetzt in der Litteratur der nördlichen
Buddhisten nicht nachgewiesen worden. Da unsre Kenntnisse der geschichtlichen Entwicklung der buddhistischen
Lehre noch sehr unvollständig sind, so vermögen wir aus
den im Dhammapadam angewendeten spezifisch buddhistischen Ausdrücken keine sicheren Schlüsse über die Zeit
der Entstehung desselben zu ziehen. Ausdrücke, welche
der buddhistischen Philosophie eigenthümlich sind, finden
sich in verhältnifsmäfsig geringer Zahl [141]); das System war
also noch wenig ausgebildet. Liegt es doch auch in der
Natur solcher Spruchsammlungen, mögen sie nun schrift-
lich oder mündlich aufbewahrt sein, dafs bei fortschreiten-
der Entwicklung Zusätze gemacht werden. Diese Seite
der Frage aber beschäftigt uns hier nicht; diejenigen Anschauungen, welche für unseren Gegenstand von Wichtigkeit sind, können unmöglich spätere Zusätze sein, da die
buddhistische Lehre die Einen mit der Zeit immer mehr

---

[140]) In v. 101 wird gâthâ dem gâthâpadam, in v. 102 aber in auf-
fallender Weise dem dhammapadam gegenübergestellt; ein einziger Lehrspruch
(dhammapadam) sei besser denn „hundert Saugverse (gâthâ), aus eitlen Sprü-
chen wohlgefügt." Es entspricht also gâthâpadam in v. 101 dem dhammapadam in v. 102.

[141]) nibbâna (nirvâṇa), khanda (skandha), saṃkhâra (saṃskâra), nâ-
marûpa.

zurückdrängte, die Anderen immer weiter entwickelte. Unter den Ersteren verstehe ich die Anschauungen, welche das Dhammapadam mit dem Gesetzbuche der Mânava theilt, Anschauungen, deren gemeinsame Quelle die brahmanische Lehre ist.

„Nicht ein Gott, nicht ein Gandharbha, heißt es v. 105, nicht Mâra mit Brahman vereint, kann eines solchen Mannes (der sich selbst bezähmt) Sieg zur Niederlage machen." Nach v. 30 hat Indra (Maghavan) den Vorsitz über die Götter (vgl. 44, 45, 56, 94 u. s. w.). Gandharbhen werden auch in v. 420 erwähnt. Die Zusammenstellung des buddhistischen Mâra, des Repräsentanten der Sinnlichkeit, der gleich dem Liebesgotte (kâma) mit Blumenpfeilen verletzt (v. 47), mit Brahman, von dem es v. 230 heißt: Vom Brahman selbst wird der Weise gelobt — ist sehr charakteristisch. Der Weise muß nicht nur diese Welt, sondern auch die Götter und die Welt des Yama (v. 44, 45) besiegen. Yama ist der Gott der Unterwelt, des Todes (antaka v. 48, 288). „Dies dein Leben zu Ende jetzo geht, In die Nähe gehst du des Yama fort von hier" [142]). Die Bösen gehen in die Hölle [143]), die Guten in den Himmel, in die Götternähe [144]). Uebereinstimmend ferner ist die Lehre von der Wiedergeburt, dem Kreislauf der Seelen [145]).

[142]) V. 237, 235; cf. M. XII, 20, VI. 61 etc. in u. 35.

[143]) niraya v. 126, 140, 306—319. M. VI. 61; XI. 104 nirritim diçam, 118; zu v. 308, 381 s. M. XII. 76 S. 34.

[144]) v. 126 saggam (svargam), 224 devânam santike, 236 dibham anyabhûnim; vgl. 187, 417 u. 15. n.; der Strom (Weg) nach oben 218 uddhamsotas (ûrddhvamsrotas) s. n. 34. Aehnlich sugati und duggati (durgati) der gute und böse Weg: Heil und Unheil in v. 17, 18 u. s. w.

[145]) samsâra v. 60, 95, 126, 153. M. I. 50 bhûtasamsâre satatayâyini, S. 38, 117 samsâragamanam caiva trividham karmasambhavam; VI. 74 darçanena vihinastu samsâram pratipadyate, cf. XII. 39, 54, 125; Yâjn. III. 140 M. XII. 52 pâpân samyânti samsârânavidvânso narâdhumâh; ib. 70. Ferner v. 325 gabbham (garbham) upeti und 326 yoniso (yoniças). Gleichbedeutend mit diesen Ausdrücken, aber eigenthümlich buddhistisch steht v. 255 „samskâra Einkleidung" = buddhi, Weber Ind. Stud. III. 16; Col. Ess. 181 die 21te Qualität der Nyâya; welches sich im Gesetzbuch in diesem Sinne nicht findet. S. v. 203 „die Einkleidungen sind das größte Leid"; v. 255 nicht ewig, 277, 368, 381, 383. Das Gegentheil ist „visamskâra Entkleidung" v. 154.

„Die Einen in den Mutterschofs, die Bösen in die Hölle
gehn, die Guten gehn zum Himmel, ganz verwehen die
Fehllosen" (v. 126).

Man vergleiche ferner die Beschreibung des Körpers
als eines Berges von Knochen, mit Fleisch und Blut be-
schmiert in v. 147—150 mit M. VI. 76, 77 [146]).

Ferner: „Das Selbst ist des Selbst Schützer, das Selbst
ist des Selbst Zuflucht" (v. 380, 160) erinnert an M.
VIII. 84 (S. 46); v. 12: „Wer im Wesen das Wesen, im
Nichtwesen das Nichtwesen erkennt" an M. XII. 118:
„Seine Aufmerksamkeit auf Sein und Nichtsein richtend"
und v. 379: „erforsche selbst dich durch dich selbst" an
M. XII. 125: „Wer in allen Wesen sich selbst durch sich
selbst erkennt" (S. 57 u. 78). In ethischer Beziehung mache ich auf die in beiden Werken häufigen Ermahnungen
zur Wahrhaftigkeit (M. VIII. 80 f. XII. 6), zur Bezähmung der Sinne (M. XII. 31, 52 und an unzählbaren Stellen), Reinheit, Freiheit von Hafs und Liebe, Vernichtung
der Begehrlichkeit (M. XII. 89. II. 6, 13 u. s. w.), Pflicht-
erfüllung aufmerksam; auf die Hinweisung ferner, dafs Tugend innere Freude, Zufriedenheit gewährt. „Hier ist froh,
heifst es in v. 18, und ist froh hinscheidend auch, Wer da
gut handelt: er ist froh beiderorts: Ist froh, denkend: Ich
habe Gutes gethan." Und ferner: „Zufriedenheit ist der
beste Schatz" [147]).

Zu diesen positiven Berührungspunkten der beiden
Werke tritt noch der negative, dafs weder das Dhammapadam noch das Mânava-Gesetz eine Spur der Vishnuiti-

---

[146]) Ved. Sâr. p. 28 l. 8; Maitr. Upan. init. Anquet. Oupnekh. I.
p. 297. Weber Ind. Stud. I. 274. MBh. XII. 12463.

[147]) Vers 204; cf. 67, 68, 118, 331. M. XI. 233; II. 6 (S. 46).
Vers 109: „Wer der Ehrerbietung pflegt, stets die Gerechteren verehrt, vie-
rerlei Dinge wachsen dem: Alter, Aussehen, Glück und Kraft" findet sich
M. II. 121 (Lebensdauer, Wissen, Ruhm und Kraft). V. 131: „Wer die
Glück-suchenden Wesen mit Züchtigungen schädiget um seines eigenen
Glückes willen — der findet nach dem Tode nicht Glück" entspricht M.
45: Wer die nicht-schädlichen Wesen schädigt um des eigenen Glückes wil-
len, der geniefst nirgendwo weder im Leben noch nach dem Tode Glück.
(Vgl. MBh. XIII. 5567.) Man vergleiche im Allgemeinen das VI. Buch des
Gesetzbuches mit dem Dhammapadam.

schen und Çivaitischen Sektenbildung enthält; ein Umstand, der um so bemerkenswerther ist, als das Dhammapadam mehrfach polemisch gegen die Brâhmanen auftritt. (Web. a. a. O. 31.) Wir müssen also schliefsen, dafs beide Werke so ziemlich auf demselben Boden entstanden, dafs sie der Zeit nach nicht weit von einander entfernt sind. Freilich erscheinen die Ansichten von der Götterwelt im Dhammapadam bedeutend abgeschwächt; das Gesetzbuch aber steht auf einem ganz ähnlichen Standpunkte. Zudem mag auch der ethische Charakter des Dhammapadam weitere Ausführungen verhindert haben.

Wie nahe die beiden Werke sich berühren, beweist endlich der Umstand, dafs die echt buddhistische Dreiheit von Denken, Rede und Körper[148]), welche die Sânkhya nicht aufstellt, auch dem Gesetzbuch bekannt ist.

Wessen Geist die Herrschaft über die Rede, über das Denken und über den Körper besitzt, der wird „Dreiherrscher" genannt[149]).

Aehnlich sagt das Dhammapadam v. 234: „Die Weisen, welche ihren Leib und die Rede einhemmen stets, die auch ihr Sinnen einhemmen, die fürwahr sind wohl einge-

---

[148]) Weber Ind. Stud. III. 17: „Zunächst ist die dreifache Theilung der Sünden in die des Körpers (kâya), der Sprache (vâc) und des Denkens (manas) bemerkenswerth, da sie in ganz identischer Weise bei den Pârsi wiederkehrt (dusmata, dujûkhta, dujvaresta, und Sünde des maneshn, gaveshn, kuneshn). bei den Brâhmanen dagegen bis jetzt wenigstens noch nicht nachgewiesen ist." S. oben p. 49. Nach XII. 3 ist die Theilung eine allgemeine. deha wechselt mit çarîra und kâya Dhammap. 96 Note; XI. 231, 241 manovâṇmûrtibhirnityaṃ çubhaṃ karma samâcaret. Bhg. V. 11 kâyena manasâ buddhyâ ... karma kurvante. Cf. Yâjn. III. 131. Von Madhs. Ind. Stud. I. 23 den Vaishṇava zugeschrieben.

[149]) M. XII. 10 vâgdaṇḍo'tha manodaṇḍaḥ kâyadaṇḍastathaiva ca | yasyaite nihitâ buddhau tridaṇḍîti sa ucyate. tridaṇḍin bezeichnet sonst den brâhmanischen Büfser. Weber Ind. Stud. II. 77. Boeth. citirt noch Mârk. Pur. 41, 22: ekadaṇḍin in der Kshurikop. (Weber Ind. Stud. II. 175) ist, der nur den Stab des Wissens trägt. Trägt der brâhmanische Büfser die drei Stäbe zum Zeichen, dafs er seinen Körper, seine Rede und sein Denken in der Gewalt hat (daṇḍa ist Stab und Gewalt)? M. V. 165 heifst es von der Frau: patiṃ yâ nâbhicarati manovâgdehasaṃyatâ, welche den Gatten nicht täuscht, die Gedanken, die Rede und den Körper beherrschend. Die Stelle kehrt IX. 29 wieder.

hemmt"[150]). Und erinnert nicht der Anfang des Dhammapadam: „Die Pflichten aus dem Herz (manas) folgern, im
Herz ruhen, dem Herz entstammen" u. s. w. an den Vers
des Gesetzbuches: „Er möge das Denken (manas) erkennen als das den Bekörperten (zum Handeln) antrei-
bende?"[151])

Fassen wir alle diese einzelnen Züge zusammen, so
kann die Alterthümlichkeit des Dhammapadam keinem Zweifel unterliegen. Als späteste Zeit der Abfassung des Mânava-Gesetzbuches haben wir oben das Jahr 350 v. Chr.
gefunden; viel später kann auch der gröfste Theil des
Dhammapadam nicht sein[152]). Wird diese Zeitbestimmung
als richtig befunden, so könnte dieselbe nach zwei Richtungen als Maafsstab dienen, um das relative Alter einer
ganzen Reihe von Litteraturwerken zu bestimmen. Wir
hätten einen Anhaltspunkt, um einestheils die Entwicklung
des Buddhismus, anderntheils die der Sânkhya-Philosophie
vor und nach dem vierten Jahrh. v. Chr. zu beurtheilen.
Wir müfsten also alle philosophischen und theologischen
Werke (wie die Upanishads), welche das vollständige Sânkhya-System voraussetzen, in die Zeit nach 350 v. Chr.
setzen, und es würden sich dadurch auch die mannigfa-
chen Beziehungen, welche zwischen Lehren der Upanishads
und den buddhistischen Sekten bestehen[153]), in einer für
beide Theile ergiebigen Weise aufklären. Auf solche Voraussetzungen gestützt, müfsten wir endlich behaupten, das

---

[150]) Vgl. 231—233, 96, 281, 361, 378, 391: „Wer mit dem Leibe,
der Rede und mit dem Herz nicht Sünde thut, in allen drei Stellen sich ein-
hält, einen solchen nenn' ich Brâhmana."

[151]) M. XII. 4 tasya .. dehinâḥ ... mano vidyât pravartakam.

[152]) Siehe bei Weber Zeitschr. d. D. M. G. XIV. 30 das über „buddha.
erwacht" und den Gebrauch des Wortes in appellativischer Bedeutung Gesagte.
M. II. 22 etc. Die Person des Religionsstifters wird nie durch „buddha" allein
bezeichnet. Die Trias: buddha, dharma und samgha in v. 191, 194, 296—298.
Lassen Ind. Alt. II. 455. Ist das Dhammapadam im nördlichen Hindustan
verfafst, wie Weber a. a. O. p. 31 (v. 304, 322) bemerkt, so würde es also
auch geographisch mit dem Gesetzbuche zusammenfallen. S. Abschn. 10.

[153]) Weber Ind. Stud. III. 58; Vorl. p. 95, 159, 253—254.

System der drei grofsen Götter (Brahmá, Vishṇu, Çiva)
nebst den Weltbeschützern (lokapála s. Lass. Ind. Alt.
I. 771, II. 463) und den Götterschaaren (ib. I. 760) sei
nicht vor dem Anfange des dritten Jahrhunderts entstanden. Wenn Megasthenes, wie oben erwähnt, den Bewohnern der Ebene den Vishṇu- (krishṇa) Dienst, denen der
Berge den Çiva-Dienst zuschreibt, so ist das ja ein Beweis, dafs zur Zeit Alexanders M. diese Götterverehrung
lokal und von den Brâhmanen noch nicht in ihr System
aufgenommen war. Wenn ich nicht irre, geschah das erst
dann, als der aufstrebende Buddhismus den Einfluſs der
Brâhmanen schwächte und sie zwang, die Hoheit der Volks-
gottheiten neben Brahmá anzuerkennen [154]). Es kann das
frühestens am Anfange des dritten Jahrh. v. Chr. stattgefunden haben.

Nachdem also im sechsten, fünften und vierten Jahrhundert der indische Geist sich in Religion und Wissenschaft in freiester und vielseitigster Weise entwickelt hatte,
begann im dritten Jahrhundert der letzte grofse Kampf
des Buddhismus mit dem Brâhmanismus, der Kriegerkaste
mit der Priesterkaste, der im ersten Jahrhundert n. Chr.,
dank der Verbindung der Brâhmanen mit den unteren Volksklassen, mit der Vertreibung des Buddhismus aus dem inneren Indien endete. Der Sieg der Priesterkaste aber war
nur vorübergehend, da die beiden Sekten der Vishṇuiten
(Pâñcarâtras oder Bhâgavatas) und der Çivaiten (Mâheçva-
ras und Paçupatas) die Brahmá-Verehrung in den Hintergrund drängten.

[154]) Cf. Lassen I. 783. Roth Zeitschr. d. D. M. G. I. 83.

10. Die Quellen des Mânava-Gesetzbuches.

(Schlufs.)

Wir haben unsere Betrachtungen bisher auf die Form des Gesetzbuches beschränkt, in welcher uns dasselbe vorliegt. Es ist aber nicht weniger wichtig, den Quellen desselben in der älteren Litteratur nachzuspüren und wenigstens den Versuch zu machen, Rechenschaft zu geben von der Entstehung des Werkes und von den Materialien, die bei der Abfassung desselben verwendet worden sind.

Wir haben uns gewöhnt, den Titel des Werkes durch „Gesetzbuch des Manu" zu übersetzen. Es fällt aber sogleich auf, dafs das vorliegende Werk nicht eigentlich ein von Manu, dem angeblichen Urvater des Menschengeschlechtes verkündetes (manuproktam) ist. Manu selbst spricht nur die Verse 5—58. Von da an wird die Verkündigung des Gesetzes dem Bhṛigu, einem der Weisen übertragen; es ist also „von Bhṛigu verkündet", wie es auch im letzten Verse genannt ist (bhṛiguproktam XII. 126). In dieser Bezeichnung liegt bereits das Zugeständnifs einer Umarbeitung. Nach einer vor Sir W. Jones in der Vorrede zu seiner Uebersetzung citirten Stelle aus der Einleitung zu Nârada's Gesetzbuch verfafste Manu das Werk in 100,000 Doppelversen; Nârada, der Weise unter den Göttern kürzte es zu 12,000 ab; Bhṛigu endlich, mit dem Beinamen Sumati, zu 4000. Unser Text aber zählt nur 2685 Doppelverse. Jones hat bereits mit sicherem Blicke erkannt, dafs die in der Einleitung (M. I. 1—4) vorgetragene Erzählung von Manu, den Weisen und Bhṛigu spätere Erfindung sei [155]).

---

[155]) „... but the character of Bhṛigu, and the whole dramatical arrangement, of the book before us, are clearly fictitious and ornamental, with a design, too common among ancient lawgivers, of stamping authority on the work by the introduction of supernatural personages."

In jener Einleitung heifst es dann, die Sterblichen läsen nur die zweite Abkürzung des Sumati (Bhṛigu), während die Götter des unteren Himmels und die Gandharven-Schaaren das Originalwerk studirten, welches mit dem etwas veränderten fünften Verse des. auf Erden existirenden Werkes anfauge; von der Abkürzung Nàrada's sei nichts übrig, als „ein geschmackvoller Auszug aus dem neunten Original-Titel über Rechtspflege" [156]). Wir müssen annehmen, dafs das ältere Werk wirklich mit dem fünften Verse (s. n. 11) anfing. Die Kosmogonie hätte also auch da bereits die Einleitung gebildet, während die Angabe, dafs von der Umarbeitung Nàrada's nichts übrig sei, als ein Auszug aus dem Kapitel über die Rechtspflege offenbar die Andeutung enthält, das eigentliche Werk habe sich nur mit der Rechtspflege beschäftigt, das Uebrige sei spätere Zuthat.

Betrachten wir das erste Buch etwas näher. Die Weisen kommen zu dem in Nachdenken Versunkenen und bitten denselben, ihnen die Pflichten aller Kasten und die der Zwischenkasten mitzutheilen. Anstatt dessen erzählt Manu eine im Einzelnen sehr wenig zusammenhängende Schöpfungsgeschichte (v. 5—57). Svayambhû habe dieses Gesetzbuch und ihn (Manu) selbst hervorgebracht; er (Manu) habe dasselbe den Ṛishi's, dem Marîci und den übrigen mitgetheilt; Bhṛigu werden dasselbe vortragen (58 bis 60). Der aber beginnt mit der Erklärung, von Manu, dem Sohne des Svayambhû stammten sechs andere Manu's ab; diese sieben Manu's hätten, Jeder in seinem Zeitalter, das All geschaffen (61, 62). Um nun zu erklären, was ein Zeitalter (antaram Periode, daher manvantaram) sei, werden die Zeiteintheilungen von einem Augenblick an bis zu dem Tag des Brahmá, der 12,000,000 Jahre dauert, angegeben (63—73). Es folgt alsdann eine neue Emanation (74—78), die Bestimmung einer Manu-Periode (71 Mal

---

[156]) „But that nothing remains of Nàred's abridgement, except an elegant epitome of the ninth original title on the administration of justice."

12,000 Jahre, der Dauer eines Götterzeitalters), die Lehre
von den vier Yuga's, die Entstehung der vier Kasten und
eine Reihe von Aussprüchen über die Stellung der Brâhmanen als Herren der Schöpfung, endlich eine Inhaltsangabe
der zwölf Bücher des Werkes.

Die Verwirrung in diesem Buche, welche durch Zu-
sammenwerfen der heterogensten Dinge und durch Verbindung älterer und neuerer Vorstellungen entsteht, ist un-
heuer und hat den Kommentatoren unendliche und natürlich unnütze Mühe gemacht.

Was die Kosmogonie betrifft, so füge ich zu dem oben
Gesagten hinzu, dafs die Verwirrung hervorgebracht ist
durch Vermischung der der Sânkhya angehörigen Vorstellungen, der Mythe von dem Weltei und der Vorstellung von Brahmâ. Hält man die verschiedenen Ansichten
streng auseinander, so ist es gar nicht so schwer, die un-
geschickte Komposition in ihre Elemente aufzulösen [157]).
Es liegt auf der Hand, dafs es den Brâhmanen, welchen
wir die vorliegende Ueberarbeitung verdanken, nicht hätte
einfallen können, die Vorstellungen von Brahmâ mit den
der Sânkhya angehörigen zu verbinden, wenn diese letzteren nicht in dem ursprünglichen Werke vorherrschend gewesen.

Was nun die sieben Manu's [158]) betrifft, so genügt es,
darauf hinzuweisen, dafs der siebente, Manu Vaivasvata
(Sohn der Sonne) in den Genealogieen der Purâṇa's als
Stammvater der Kriegsgeschlechter angeführt wird; der
Sonnensohn Manu war unstreitig älter als der Sohn des
Svayambhû (Brahmâ); die sechs ersten Manu sind also von
neuerer Erfindung. Gehört aber der erste Manu, der Manu
Svâyambhuva in das Gebiet der brâhmanischen Sage, so
müssen wir der Angabe, er habe das ursprüngliche Ge-
setzbuch verfafst, denselben Ursprung zuschreiben. Die

---

[157]) Die Verfasser der Purâṇa verfuhren ungleich geschickter. Siehe
p. 4. n. 6.
  [158]) I. 62 svârocishaçcottamiçca tâmaso raivatastathâ | çâkshushaçca
mahâtejâ vivasvatsuta eva ça.

7 *

Erfindung hat keinen anderen Zweck, als eine Erklärung des (später nicht mehr allgemein verständlichen) Namens des Gesetzbuches zu geben, welche den eigentlichen Ursprung des Werkes verhüllen und zugleich der brähmanischen Kompilation den Stempel eines übermenschlichen Ursprungs und eines ungeheueren Alters aufdrücken sollte.

Das Gesetzbuch heifst nicht „Mânava-Gesetzbuch", weil es von Manu abgeleitet wird, sondern weil das ursprüngliche Werk einer Schule angehört, welche den Namen der Mânava führt [159]).

Das indische Volk verlebte seine Heldenzeit in den Indusgegenden; da entstanden die Hymnen (wenigstens bei weitem die meisten), welche wir als den Inhalt des Rigveda kennen. Der König und Richter stand an der Spitze des Stammes, der sich mit Ackerbau und Viehzucht beschäftigte. Personifikationen der Kräfte und Erscheinungen der Natur, unter deren Einflufs Glück und Reichthum der Familien standen, waren die Gegenstände der Verehrung; an sie richteten die frommen Sänger ihre Lieder. Neben der irdischen Macht der Stammesfürsten mochten die „Beter" (das ist die Bedeutung des Namens „Brâhmane") bereits damals die überirdische Macht, die Beziehung der Menschen zu den Göttern repräsentiren. Sie lebten aber in und mit dem Volke, an welches sie das gemeinsame Streben und Hoffen, das gemeinsame Interesse für die Macht des Stammes, für die Fruchtbarkeit der Heerden und der Felder knüpfte. Neben die Verehrung der Götter durch die Hymnen trat der symbolische Verkehr, neben das Gebet das Opfer. Das älteste Opfer, welches dem Gott des leuchtenden Himmels, dessen Macht sich insbesondere im Donner offenbart, wenn er die Geister der finsteren Wolken besiegt, dem Indra dargebracht wurde, ist das Soma-Opfer, welches den Ariern mit den Iraniern gemeinsam war und in dem Trinken des berauschen-

---

[159]) Dafs der Name dieser Schule selbst wieder auf den Namen des Manu zurückführt, ist an sich gleichgültig, da es hier nur darauf ankommt, den historischen Zusammenhang aufzudecken. Vgl. Web. Vorl. p. 234 n. 4.

den Saftes der Soma-Pflanze, des Göttertrankes bestand.
Wie dem Indra das Soma-Opfer, wurde dem Agni, dem
Gotte des Feuers das Homa-Opfer dargebracht, indem die
ausgelassene Butter in der Flamme verbrannt ward.

Als die arischen Stämme das weite Tiefland an den
Ufern der Jamunâ und Gangâ in Besitz nahmen, waren
die heiligen Lieder gemeinsames Eigenthum und der Ausdruck der in allen Stämmen herrschenden Anschauungen.
Die Zahl dieser Lieder freilich mochte bei den einzelnen
Stämmen verschieden sein und die Uebereinstimmung mehr
in den gemeinsamen Ideen, als in den gemeinsamen Hymnen bestehen.

Wie jeder Stamm seinen eigenen und bevorzugten
Dichter und Sänger, so hatte auch Jeder seinen eigenthümlichen Liederkreis. Als Denkmal jener ältesten Periode haben wir den Sâmaveda anzuerkennen, dessen unmittelbare Beziehung auf das Soma-Opfer stets im Be-
wußtsein des Volkes geblieben ist. Da die Hymnen in
der Anwendung bei dem Opfer nicht freie Ergüsse des
Gefühls waren, sondern die einzelnen Verse sich an die
einzelnen Theile der Handlung anschließen mußten, so
erklärt sich die unzusammenhängende Form der Opfergesänge (Sâmaveda). Natürlich erhielten sich die vollständigen Lieder in der Ueberlieferung des Volkes, obgleich dieselben erst viel später in eine eigentliche Lieder-
sammlung vereinigt wurden (Rigveda). Je nach den Stämmen war der Umfang und Inhalt der Opfergesänge (und
also auch der Liederkreise) verschieden; diese Verschiedenheit ist ohne Zweifel der Grund der abweichenden Text-
rezensionen (çâkhâ Zweig), deren wir von dem Sâmaveda
allerdings nur noch zwei wenig verschiedene besitzen, sei
es, daß die übrigen verloren gegangen, sei es, daß die
Verschiedenheiten an sich noch um so unbedeutender, je
näher die Zweige der gemeinsamen Wurzel waren.

Je umfangreicher das Gebiet war, welches die arischen Stämme bewohnten, um so zahlreicher und um so
reicher an Eigenthümlichkeiten mußten die Stämme sich

entwickeln. Die Vermehrung der Volkszahl mußte dem Wanderleben sehr bald ein Ziel setzen; in Folge der Gebundenheit an feste Wohnorte vermehrten sich die religiösen, bürgerlichen und häuslichen Beziehungen. In den Wohnsitzen an der Jamunà und Gangà, inmitten einer bis dahin unbekannten Natur, deren ergreifende Reize und Schrecken das so empfindungsvolle Gemüth des arischen Volkes mächtig anregen mußten, trat das Gefühl der Abhängigkeit des Menschen von überirdischen Mächten stärker in den Vordergrund. Dieser Stimmung genügten die wenigen älteren Opfer nicht mehr; neben den allgemeinen und feierlichen Opfern, welche nur bei besonderen Gelegenheiten und dann wohl von dem Fürsten im Namen und im Interesse des ganzen Stammes dargebracht wurden, entstand ein persönlicher, täglicher Opferdienst, der nach und nach einen gewaltigen Einfluß auf das Leben des Stammes wie der einzelnen Familien ausübte. Die Grundanschauung also wurde eine ganz andere; das Opfer ein beständiger Begleiter des Menschen von der Geburt an bis zu dem Tode. Es genügten also auch die alten Opfergesänge nicht mehr. Die Opfergesänge dieser Periode liegen uns in dem Yajurveda (Opferveda) vor und zwar in einer doppelten Form, dem sogenannten schwarzen Yajurveda, dem älteren, der auf das westliche und dem weißen Yajurveda, dem jüngeren, der auf das östliche Hindustan hinweist. Aber jeder der beiden Theile existirte wiederum in verschiedenen Rezensionen je nach den verschiedenen Stämmen und Gegenden.

In dieser Periode begann die Kastenbildung. Während der früheren mochten sich bereits einige Ansätze gebildet haben, insofern in einzelnen Sängerfamilien das Amt des Beters während der Opferhandlung erblich wurde. Je ausgedehnter aber und vielfältiger das Opferwesen wurde, um so mehr besondere Kenntnisse mußte der Opferer besitzen. Es war nicht genug die betreffenden Hymnen zu kennen; schwieriger war die Anwendung derselben bei den verschiedenen Opfern. So entstand das Priesterthum, wenn auch noch nicht als abgeschlossene Kaste.

Wenn früher den Theilnehmern an der Opferfeier und insbesondere den Betern reiche Bewirthung und Geschenke
zu Theil wurden, so war das jetzt die Pflicht desjenigen, in
dessen Auftrage oder Interesse das Opfer gebracht wurde,
da die Priester wegen ihrer vielfachen Beschäftigungen unmöglich selbst für ihren Unterhalt sorgen konnten. Bald
auch fand man es der Heiligkeit des Priesteramtes unwür-
dig, sich mit irdischen Dingen zu beschäftigen. Für den
Anfang freilich war die Stellung des Brâhmanen eine von
den Königen abhängige und selbst im Gesetzbuche wird
noch anerkannt, daſs der Priester nicht ohne den Krieger,
andrerseits aber auch der Krieger nicht ohne den Priester
sein könne, also nur die Vereinigung der beiden Heil bringe
(IX. 322).

Für diese Periode ist ganz besonders charakteristisch,
daſs der alte Götterglaube anfing, seine unmittelbare An-
schaulichkeit und Lebendigkeit zu verlieren, daſs also der
Quell der Hymnen-Dichtung allmählig versiegte. Die nothwendige Folge war das Bestreben, für die treue Aufbe-
wahrung der Lieder Sorge zu tragen. So entstanden bei
den einzelnen Stämmen Hymnensammlungen (Rigveda),
welche mit alleiniger Rücksicht auf das poetische Werk
im Gegensatze zu den Opfergesängen sich bildeten. Wir
haben also nach den Hauptstämmen verschiedene Sâma-
veda-, Yajurveda- und Rigveda-Rezensionen. Neben den
eigentlichen Opferversen wurden bei vielen Opfern auch
zusammenhängende Gebete, d. h. vollständige Hymnen
vorgetragen. Ursprünglich waren wohl die verschiedenen
Funktionen des Betens, des Singens der Opferverse und
der eigentlichen Opferhandlung, besonders bei den Thier-
opfern, in einer Person verbunden. Bei der Ausbildung
des Opferwesens aber muſste eine Theilung der Verrich-
tung stattfinden, da es dem Einzelnen nicht möglich war,
Alles selbst zu thun, ferner der Umfang des priesterlichen
Wissens auch eine Theilung der Kenntnisse bedingte. Die
Opferhandlung verrichtete der Âdhvaryu-Priester, der Kenner des Yajurveda, welcher, wenn er sich der Opferverse

bediente, dieselben leise vor sich hinsagen mußte. Der eigentliche Opfersänger war der Udgâtṛi, der Kenner des Sâmaveda. Das Recitiren der Hymnen fiel dem Hotṛi (von √hve rufen) zu.

Die arischen Stämme aber hatten nun bereits eine Geschichte, deren wichtigste Ereignisse in unmittelbarem Zusammenhange mit jenen Liedern standen. War das Lied eine Erinnerung an die Vorzeit, so gab die Kenntniß der Vorzeit zugleich die Erklärung des Liedes. An die Sammlungen der Hymnen und der Opfergesänge schlossen sich daher in Form von Erläuterungen historische Erinnerungen und Sagen und die Schilderung von alten Sitten und Gebräuchen an. Die Entwicklung der Sprache ließ die Sprache der ältesten Hymnen theilweise wenigstens unverständlich werden; das Verständniß der Hymnen machte also auch sprachliche Erörterungen nothwendig. Bei den Opfergesängen machte sich noch ein anderes Bedürfniß geltend: die Kenntniß des Opfer-Rituals, welches sich im Laufe der Zeit nothwendig erweitern und verändern mußte. An die Stelle ferner der früheren Götterverehrung traten neue Anschauungen und Reflexionen über das Wesen jener überirdischen Mächte und ihr Verhältniß zur Menschheit.

Der Natur der Sache nach erhielten alle diese Erläuterungen durch die individuellen Besonderheiten der Stämme verschiedene Gestaltungen; sie schlossen sich an die den einzelnen Stämmen besonderen Rezensionen der Opfergesänge (Sâma- und Yajurveda) sowohl wie der Hymnen (Ṛigveda) an, und zwar ursprünglich als ein Ganzes, als das dem Beter nöthige Wissen. Diese Werke hießen „Ende des Veda“ oder Anhänge des Veda, später brâhmaṇa, waren in prosaischer Rede und wurden anfänglich wohl mündlich überliefert.

Die ursprünglichen Werke enthielten den Inbegriff des Denkens und Wissens der einzelnen Stämme, nicht der Priester allein, da dieselben noch nicht in Gegensatz zu dem übrigen Volke getreten waren. Neben dem Opferwesen aber hatten sich in den festen Wohnsitzen der

Stämme geordnete staatliche und bürgerliche Zustände ausgebildet. Nicht nur die Priester, auch die Krieger lösten
sich von der Masse des Volkes ab, welche die Ackerbauer,
Viehzüchter und Kaufleute bildeten. Die unterste Klasse
endlich, die der Diener und Handwerker bestand wohl
zum gröfsten Theil aus unterworfenen Ureinwohnern oder
besiegten Stämmen.

Nachdem die Entwicklung der Stämme eine so man-
nigfaltige geworden, konnten einestheils die theologischen
Schriften (brâhmaṇa) die Masse des Materials nicht mehr
fassen; anderntheils aber lag es auch nicht in dem Interesse der Brâhmanen, alle historischen, sagenhaften u. s. w.
Darstellungen ihren Werken einzuverleiben, da dieselben
nicht, wie die der Vorzeit, zur Begründung und zum Ver-
ständnifs des Opferwesens nothwendig waren. Bis dahin
hatte sich das ganze geistige Leben des Stammes in den
Sängern und Opferpriestern konzentrirt; nun aber bildeten
die religiösen Anschauungen nur mehr eine einzelne Seite
des geistigen Lebens und je unbeschränkter die Priester
auf diesem Gebiete herrschten, um so schneller mufsten
sich die Gegensätze herausbilden. Da entstanden unabhängig und ohne Beziehung auf die alten Hymnenkreise
Darstellungen der Schicksale der einzelnen Stämme, ihrer
Kriege u. s. w., in welchen der Glaube, die Sitten und Gebräuche der neuen Zeit vorherrschen mufsten. Es war natürlich, dafs gerade die Krieger diese Heldenlieder besonders pflegten, dafs in den Palästen der Könige ein Helden-
gedicht mehr Begeisterung und allgemeinere Theilnahme
hervorrief, als die Hymnen, welche die Kämpfe Indra's
u. s. w. schilderten. Hier bildete sich also unabhängig von
der brâhmanischen Wissenschaft eine epische und legenden-
hafte Dichtung aus, jene Dichtungen, deren Ueberreste uns
in den ältesten Theilen des Mahâbhârata vielleicht noch
vorliegen. Der König des Stammes aber war nicht nur
Krieger, er war auch Herrscher und Richter. Die Rechtspflege schliefst sich nothwendig an die thatsächlich bestehenden Sitten, Gebräuche und Gewohnheiten an. Solange

das Priesterthum nicht die maafsgebende Macht im Staate
geworden — und das ist es auch im Anfange dieser dritten, der Sûtra-Periode noch nicht — war die Rechts-
kenntnifs eine weltliche Wissenschaft, Recht und Tugend
noch nicht identisch; die Rechte und Pflichten der verschiedenen Volksklassen ohne Zweifel scharf abgegränzt; die
Auktorität des Richter-Königs ebenso unbestritten in Bezug auf den Priesterstand wie in Bezug auf den der Krieger und der übrigen Klassen. Erkennt doch selbst das
Gesetzbuch noch an, dafs die Quelle des Rechtes die Sitten und Gebräuche der Guten, dafs dieselben nach Familien, Geschlechtern und Gegenden verschieden seien. Diese
Vorschriften wurden in besonderen Werken niedergelegt,
deren Titel sie als „weltliche Gebräuche enthaltend" bezeichnet [160]).

Eine zweite Reihe von Werken sind die Gṛihya-Sûtra, welche sich auf das häusliche Leben beziehen. Da
jedes Mitglied der drei oberen Kasten, jeder Wiedergeborene (dvija) zum Studium des Veda sowie zu den
gewöhnlichen und täglichen Opfern verpflichtet und berechtigt war, so kamen alle diese das Familienleben betreffenden Ceremonien nicht nur bei den Brâhmanen in
Anwendung; die Gṛihya-Sûtra also waren nicht ausschliefslich priesterliche Werke [161]).

---

[160]) sámayácárika- oder dharma-sûtráni. Nach Müll. Hist. p. 101 sagt
Haridatta, der Kommentator der Sâm. sût. des Âpastamba: „Sâmayácárika
is derived from samaya (agreement) and ácára (custom). Samaya, a human
agreement, is of three kinds: vidhi, injunction; niyama, restriction; prati-
shedha, prohibition. Rules founded upon samaya are called samayácaras,
from which the adjective sâmayácárika. Dharma (virtue) is the quality of
the individual self, which arises from action, leads to happiness and final
beatitude, and is called apûrva (supernatural). But, in our Sûtra (athâtaḥ
sâmayácárikándharmán vyâkhyâsyâmaḥ Ap. sût. 1) dharma means law, and
has for its object dharma as well as adharma: things to be done and things
to be avoided." M. J. 108 f. II. 6 f.

[161]) Müll. Hist. 203: As it is necessary that the marriage ceremonies
should be rightly performed, that the choice of the bride should be made
according to sacred rules, prescribed in the Sûtras or established by inde-
pendant tradition in various families and localities, the first ceremony descri-

Je nach der Kaste, der der Hausvater angehörte, mußten diese Vorschriften verschieden sein.

Wenn die auf die Rechtspflege und auf die häuslichen Ceremonien bezüglichen Werke ausdrücklich auf die Ueberlieferung (smriti) begründet wurden, so unterschieden dieselben sich dadurch wesentlich von den Werken, welche die bereits in den Brâhmaṇa's enthaltenen Ritualvorschriften (kalpa) in ein den großen, der Priesterkaste allein vorbehaltenen Opfern entsprechendes System brachten (daher Çrautasûtra genannt).

Die Kategorien von Schriftarten, deren Entwicklung ich bis jetzt anzudeuten versucht habe, sind also folgende: Jeder irgend bedeutendere Stamm hat seine besondere Rezension der drei Veda (d. h. seine Ṛik-, Yajus-, Sâmaveda-çâkhâ); ein brâhmaṇa für jeden Veda und je ein Lehrbuch für das Opfer-Ritual (kalpa), für das häusliche Ceremoniel (grihya) und für Recht und Sitte (dharma- oder sâmayâcârika). In litterarischer Beziehung also, wie in politischer, bildete der Stamm eine Einheit, eine Schule (caraṇa). Wie im politischen, so mußte in dem geistigen Leben der Drang nach möglichstem Zusammenfassen der verschiedenen Stämme und Schulen sich geltend machen. Der physisch oder geistig Stärkere assimilirte sich den Schwächeren. So wird es erklärlich, daß uns eine verhältnißmäßig geringe Anzahl von Werken erhalten ist. Dies bezieht sich insbesondere auf die Hymnenrezensionen und die Brâhmaṇa's; bei diesen letzteren wirkte auch der Umstand mit, daß später die Sûtra-Werke ohnehin wichtiger erschienen. Unterscheiden wir die Zeit der Abfassung der Hymnensammlungen, der Brâhmaṇa's und der Sû-

---

bed in the Gṛi. sût. is marriage. Then follow the Sanskâras, the rites to be performed at the conception of a child, at various periods before his birth, at the time of his birth, the ceremony of naming the child, of carrying him out to see the sun, of feeding him, of cutting his hair, and lastly of investing him as a student, and handing him to a Guru, under whose care he is to study the sacred writings, that is to say, to learn them by heart, and to perform all the offices of a Brahmacârin, or religious student.

tra's als drei verschiedene Perioden [162]), so ist jede spätere durch eine reichere Zahl von Werken vertreten. Was die überlebenden Werke betrifft, so müssen wir annehmen, daſs sie die bedeutenderen waren und am meisten im Einklange mit der vorwiegenden Richtung des indischen Volkes.

Während sich aber die Gegensätze zwischen den einzelnen Stämmen ausglichen und das indische Volk sich wieder als eine Einheit zu fühlen begann, traten die Gegensätze zwischen den Kasten schärfer hervor, indem die Priesterkaste z. B. sich in allen Staaten der Solidarität ihrer Interessen der Kriegerkaste gegenüber bewuſst wurde. Die Vereinfachung der Gegensätze hatte die Verschärfung derselben zur Folge.

M. Müller [163]) hat behauptet, „alle metrischen Gesetzbücher, welche wir jetzt besitzen, seien nichts Anderes als moderne Texte älterer Sûtra-Werke oder Kula-dharma's (Rechtswerke einzelner Stämme), welche ursprünglich zu bestimmten vedischen Schulen gehörten." Der Ausdruck „Sûtra-Works or Kula-dharma's" ist offenbar zu eng. Das Mânava-Gesetzbuch [164]) umfaſst nicht nur das eigentliche Recht, welches in den Sâmayâcârikasûtra's enthalten war, sondern auch die Bestimmungen über das häusliche Ceremoniel, den Inhalt der Grihyasûtra's. So enthielt also das Gesetzbuch den Inbegriff der auf der Ueberlieferung beruhenden Sûtra's (smârtasûtra) [165]).

---

[162]) Damit soll aber nicht geleugnet werden, daſs nicht ein Sûtra-Werk gleichzeitig mit einem Brâhmaṇa sein könne, da ja die Entwicklung bei dem einen Stamme rascher wie bei dem andern vor sich ging.

[163]) Hist. p. 134 cf. Web. Vorl. 242.

[164]) Ebenso das des Yâjnavalkya; die übrigen uns erhaltenen Gesetzbücher, mit Ausnahme des Vaishṇava-Werkes, scheinen sehr späte und werthlose Kompilationen. S. Stenzler, Zur Literatur der Indischen Gesetzbücher in Ind. Stud. I. 232 f.

[165]) Es sind also alle Gesetzbücher (dharmaçâstra) auf die Smârta-Sûtra's der entsprechenden vedischen Schulen zurückzuführen. Ich mache darauf aufmerksam, daſs mehrere Namen der in Yâjn. Dhr. ç. I. 4, 5 genannten Verfasser (prayojaka) von Gesetzbüchern auf (angebliche) Stifter von Schulen des schwarzen oder weiſsen Yajurveda hinweisen. Auſser Manu und Yâjnavalkya nennt der Text Atri (s. die Âtreyaçâkhâ des Taitt. Veda), Vishṇu (über das Vaishṇava-dharmaç. s. Müll. Hist. 331. Ind. Stud. I. 240, ein wahrscheinlich sehr wichtiges Werk), Hârita (s. Stenzler Ind. Stud. I. 241), Uça-

Die Frage, welcher von den älteren Schulen resp. Stämmen die dem Gesetzbuch zu Grunde liegenden Werke angehört haben, ist nicht schwer zu beantworten. Im 2ten Buche des Gesetzbuches lesen wir (v. 17 f.): Das zwischen den zwei Götterflüssen, Sarasvatî (Ghaghar) und Drishadvatî gelegene, von den Göttern erschaffene [166]) Land wird „Brahmâvarta", Bezirk des Brahmá genannt. Das Gesetz (oder die Sitte âcàra), welche in jener Gegend in ununterbrochener Folge besteht, das ist das wahre Gesetz für die (eigentlichen) Kasten und Zwischenkasten. Und unmittelbar angränzend an Brahmâvarta ist das „Brahmarshi" genannte Land, nämlich Kurukshetra [167]) und das Land der Matsya (= Virâta nach Lass. I. 127 n. 1), der Pañcâla und der Çûrasenaka (das Land um Mathurà) [168]). Von einem in diesem Lande geborenen Brâhmanen mögen alle Menschen (Mânava's) ihren Wandel auf dieser Erde erlernen [169]). Das Land zwischen dem Himavat (Himâlaya) und dem Vindhya-Gebirge, im Osten von Vinâçana und

nas (Ind. Stud. I. 238; Web. Vorl. 36, 148), Angiras (Ind. Stud. I. 238; Web. Vorl. 53, 148, 152, 155 f.), Yama (Ind. Stud. I. 239; Müll. Hist. 88), Âpastamba (schwarz. Yajus. Web. Vorl. 86. Ind. Stud. I. 238), Samvarta (Ind. Stud. I. 240), Kâtyâyana (çrautasûtra zum weifs. Yaj. Web. Vorl. 135. Ind. Stud. I. 238), Brihaspati (Ind. Stud. I. 239 Web. Vorl. 147 Atharvav., Müll. Hist. 130), Parâçara (Nach Web. Vorl. 175 ist die Familie der Parâçara in den Vañça (Lehrerlisten) des weifsen Yajus besonders zahlreich vertreten. Ind. Stud I. 239; Müll. Hist. 86, 90, 129), Vyâsa (angeblich Sohn des Parâçara Müll. Hist. 91. Ind. Stud. I. 240. Web. Vorl. 175 wird im Taittirîya-âranyaka genannt), Çañkha (Çâñkhâyana als Rikvedaçâkhâ. Ind. Stud. I. 240), Likhitâ (Ind. Stud. I. 240), Daksha (Ind. Stud. I. 239), Gautama (carana des Sâmaveda. Müll. Hist. 184. Web. Vorl. 139), Çâtâtapa, Vaçishța (Web. Vorl. 53, 156).

[166]) devanirmitam übersetzt Jones: frequented by God's, Lois.: digne des Dieux! Kull. bemerkt in sehr altkluger Weise, die Bezeichnungen devanadî und devanirmita seien prâçastyarthau. Ueber die geographischen Bestimmungen siehe Lass. Ind. Alt. I. 90 f., 127.

[167]) „K. ist das Gebiet der Kuru, des alten Königsgeschlechtes; der König Kuru stiftete es von Prayâga aus, nach Hariv. 1800. Es heifst auch Dharmakshetra, wegen der Heiligkeit." Lass. a. a. O. Ebenso im MBh. s. Zeitschr. f. d. K. d. M. 209.

[168]) Die Namen Brahmâvarta und Brahmarshi sind jedenfalls späteren Ursprungs.

[169]) Der Ausdruck sarvamânavâḥ ist wohl in prägnantem Sinne durch „alle Mânava's" zu übersetzen und svam svam caritram prithivyâm zu verbinden.

im Westen von Prayâga (dem Zusammenfluſs der Gangâ und Yamunâ) wird „Madhyadeça, das Land der Mitte", genannt. Das Land von dem östlichen zu dem westlichen Meere, zwischen den beiden Gebirgen (Himâlaya und Vindhya) nennen die Weisen (budha) âryâvarta, Wohnsitz der Ârya [170]). Deuten wir nun die symbolische Ausdrucksweise um, so besagt die Stelle weiter nichts, als daſs das in dem vorliegenden Werke mitgetheilte Gesetz ursprüngin jenem kleinen Gebiete zwischen der Sarasvatî und der Drishadvatî in Geltung gewesen sei, daſs sich dasselbe aber in weiterem Kreise Anerkennung verschafft und nun als für alle Indier bindend hingestellt werde [171]).

Es ist gewiſs nicht zufällig, daſs die in dem Gebiete der Sarasvatî und der Drishadvatî geltenden Gesetze und Sitten eine solche Ausdehnung gefunden. Man bedenke, wir sind hier in der unmittelbaren Nachbarschaft des Landes der Kuru und der Pañcâla's, im Herzen des indischen Heldenlandes, da, wo die ungeheueren Kämpfe, die das Mahâbhârata schildert, ausgefochten wurden. Dies Land ist zugleich der Schlüssel zum ganzen östlichen Indien. Wenn der Einfluſs der in diesen Ländern bestehenden Reiche auf das innere Indien ein so ungeheuerer war, kein Wunder, daſs dieses sich den Gesetzen jener unterwerfen muſste. Das Gesetzbuch aber deutet auf einen ganz bestimmt abgegränzten Bezirk hin, auf das Gebiet zwischen den beiden genannten Flüssen. Dort also wohnte der Stamm, dessen Sitte und Gesetz dem neuen Werke zu Grunde liegen; dort war der Sitz der Mânava's. Die Mânava's [172]) bildeten eine Unterabtheilung der Schule der Mai-

---

[170]) Diese letzte Bestimmung konnte natürlich erst hinzugefügt werden, als die Arier wirklich das ganze Hindustan in Besitz genommen hatten.

[171]) Nichts beweist deutlicher, daſs der Mythus von Manu spätere Zuthat ist, als daſs sich gerade an dieser entscheidenden Stelle kein Wort davon findet. Wenn vorhin (II. 14) die Offenbarung als Rechtsquelle hingestellt wurde, so ist dies offenbar eine spätere Anschauung als die Berufung auf die sadâcâra, welche Medh. zu entkräften versucht.

[172]) Ein dieser Schule angehörendes kalpasûtra (Opferritual) existirt noch, s. Web. Ind. Stud. V. 12 f. Goldstücker hat einen Theil des Mânava-

tràyanîya's, welche eine besondere Rezension (çâkhâ) des schwarzen Yajurveda hatten [173]).

Die Abfassung der uns erhaltenen Rezensionen des schwarzen Yajurveda (die der Âpastamba-Schule und das Kâṭhakam) müssen wir in die Blüthezeit des Reiches der Kuru und Pañcàla verlegen; die geographischen Angaben weisen deutlich auf jene Gegenden hin (Web. Vorl. 87). Es ist ferner mehr als wahrscheinlich, dafs die Rezension der Maitràyanîya's, welche wir leider nicht mehr besitzen, in dem Nachbarlande entstand; die geographischen Data also des Gesetzbuches und des schwarzen Yajurveda stimmen ebenfalls überein. Ferner aber ist es doch wohl nicht dem Zufall zuzuschreiben, wenn gerade in denjenigen Werken (Bràhmaṇa, Upanishad und Sûtra), welche sich dem Yajus anschliefsen, die meisten Beziehungen auf die Sànkhya des Kapila wie des Patañjali gefunden werden [174]). Freilich ist unsere Kenntnifs der betreffenden Schriften noch sehr mangelhaft, insbesondere was die in denselben enthaltenen philosophischen Ansichten betrifft. Wir dürfen auch nicht übersehen, dafs viele der Upanishad's sowie der Sùtra-Werke einer ziemlich späten Zeit angehören.

Was das Verhältnifs des schwarzen Yajus zu dem weifsen anbetrifft, so ist es zweifellos, dafs der letztere auf einer späteren Stufe steht, wie die Anordnung des Stoffes zeigt (Web. Vorl. 83, 84); die geographischen Bestimmungen ferner weisen auf den östlichen Theil Madhyadeça's hin, und auch darin liegt eine Andeutung der Posteriorität desselben, da die Entwicklung des arischen Lebens von Westen nach Osten fortschritt. Wir halten nun für wahrscheinlich, dafs die Sànkhya des Kapila in den Schulen des schwarzen Yajus entstand; während aber die arischen Stämme weiter nach Osten vordrangen, schritt

---

Kalpasûtrabhàshyà von der Hand des berühmten Kumârila-Bhaṭṭa herausgegeben.

[173]) Web. Vorl. 86, 88, 96; Müll. Hist. 199, 201, 370.

[174]) Web. Vorl. 93, 94 u. s. w., 133. Ich sehe hier natürlich von den dem Atharvaveda angehörenden Schriften ab, da dieselben einer späteren Zeit angehören.

auch die geistige Entwicklung fort und aus der atheistischen Sânkhya bildete sich in den Schulen des weifsen
Yajus die theistische, die Yoga des Patañjali. Wir hätten
also ganz dasselbe geographische und Zeit-Verhältnifs zwischen den Schulen des schwarzen Yajus und denen des
weifsen, zwischen der Sânkhya des Kapila und der Yoga
des Patañjali. Zu diesen beiden Parallelen tritt dann noch
eine dritte. Eine flüchtige Vergleichung des Mânava-Gesetzbuches mit dem des Yâjnavalkya genügt, um zu erkennen, dafs dieses 1) einer östlich von der im Mânava-Gesetz genannten Gegend angehört[175]), 2) dafs es einer späteren Stufe des brâhmanischen Lebens entspricht, 3) dafs
es in unmittelbarem Zusammenhang mit der Yoga-Lehre
steht, 4) dafs es spezifisch buddhistische Beziehungen enthält[176]).

Auf Grund aller dieser Uebereinstimmungen erscheint
es mir sehr wahrscheinlich, dafs die Spuren der buddhistischen Anschauungen, welche ich in dem Mânava-Ge-
setzbuche nachgewiesen habe, nicht der späteren Redaktion[177]), sondern den ursprünglichen Werken (grihya- und
dharma-sûtra) angehören. In diesem Falle müfsten wir
also Keime buddhistischer Ideen bereits in den Schulen
des schwarzen Yajus antreffen. Man könnte einwenden,
diese Ideen seien eben nicht buddhistisch zu nennen, da sie
noch nicht die eigenthümliche Färbung der späteren Lehre
haben. Dieser Einwurf ist nur scheinbar. Wenn sich in
den Schulen des schwarzen Yajus, speziell in der der Mânava's — deren Wohnsitz, wie wir gesehen, zwischen den
Flüssen Sarasvatî und Drishadvatî war — Anschauungen
nachweisen lassen, welche in den meisten übrigen Werken
des indischen Alterthums nicht nachweisbar, also den Mânava's eigenthümlich sind, wenn ferner diese den Mânava's

---

[175]) Yaj.I.1 yogiçvaraṃ yâjnavalkyaṃ sampûjya munayo'bruvan. 2 mi-
thilâsthaḥ sa yogîndraḥ. Vgl. M. II. 28.
[176]) Yâj. II. 185 vihâra, I. 271, 273, 349. Stenzl. Yâj. p. IX.
[177]) Die brâhmanischen Ueberarbeiter würden die betreffenden Stellen
schwerlich eingeschaltet haben.

eigenthümlichen Anschauungen sich in den ältesten buddhistischen Werken wiederfinden, so sind wir ohne Zweifel berechtigt, von einem ursprünglichen Zusammenhang zwischen den Ansichten der Mânava's und denen der Buddhisten zu sprechen. Gehen ja auch beide Richtungen von dem gemeinsamen Boden der Sânkhya-Philosophie aus.

Wenn ich endlich einen Zusammenhang des Gesetzbuches des Yâjnavalkya mit den dem weißen Yajurveda angehörenden Theilen behaupte, so glaube ich damit nur eine allgemein anerkannte und unleugnbare Thatsache zu constatiren. Die brâhmanische Ansicht freilich, welche das „Gesetzbuch des Yâjnavalkya" auf den (angeblichen) Verfasser des Brâhmana des weißen Yajurveda zurückführt, verfällt in denselben Irrthum, den sie begeht, wenn sie das Mânava-Gesetzbuch dem Stammvater Manu zuschreibt [178]). Es ändert nichts, daß der Waldtheil (Âranyaka) des Çatapatha-brâhmana, das Brihadâranyaka einen direkt auf Yâjnavalkya bezüglichen Abschnitt (Yâjnavalkîyam kândam) enthält; daß ferner der Verfasser des Yâjn.-Gesetzbuches versichert, jener Waldtheil sei ihm von der Sonne offenbart worden und er habe das Yoga-Lehrbuch verfaßt (Yâjn. III. 110). Im Gegentheil müssen wir auch hier, wie früher bei dem Mânava-Gesetzbuch, annehmen, daß das Werk nichts ist als eine versifizirte Zusammenstellung der — wahrscheinlich nicht mehr erhaltenen — Grihya- und Sâmayâcârika-Sûtra einer auf Yâjnavalkya zurückgehenden Schule des weißen Yajurveda [179]).

Wir haben also ein analoges Verhältniß anzuerkennen zwischen dem schwarzen Yajurveda (östl. Madhyadeça) und dem weißen Yajurveda (westl. Madh.), dem Mânava-

---

[178]) Müll. Hist. 330 The versifier, however, of these laws (the Yâjn. dh. ç.) is as distinct from the original Yâjnavalkya, as the poetical editor of the Laws of the Mânavas is from the mythic Manu, the founder of the Mânava-çâkhâ.

[179]) Die Feststellung des Verhältnisses der Yoga-Lehre in den zu der Vâjasaneyasamhitâ gehörenden Werken zu dem philosophischen System des Patañjali muß einer weiteren Untersuchung vorbehalten bleiben. Cf. Web. Vorl. 183.

Gesetzbuch und dem Yâjnavalkya-Gesetzbuch, den Keimen buddhistischer Anschauung in jenem und spezifisch buddhistischen Lehren in diesem, der Sânkhya des Kapila und der Yoga des Patañjali; zugleich aber müssen wir die einzelnen Glieder einer jeden der beiden Reihen als unter sich in engem Zusammenhang stehend d. h. als je auf denselben Grundbedingungen beruhende Gebilde betrachten, endlich aber beide Reihen als Manifestationen derselben nur örtlich und zeitlich verschieden ausgeprägten Richtung des indischen Geistes erkennen.

Dafs sich in denselben Kreisen, in welchen die Gesetzeslitteratur entstand, auch die epische Dichtung ausbildete, habe ich bereits früher erwähnt. Inwiefern ein ursprünglicher Zusammenhang oder eine spätere Verbindung zwischen der Sânkhya und der Verehrung des Vishṇu (Vâsudeva) einerseits, zwischen der Yoga und der Verehrung des Çiva (Rudra) andrerseits bestand, wollen wir hier nicht weiter untersuchen [160]).

Es wird, denke ich, Niemanden überraschen, dafs gerade das Opferpriesterthum (die Âdhvaryu) in einem so engen Bezuge zu den realistischen Richtungen des indischen Geistes stehen solle. Mufsten sich ja doch die eigentlichen Opferhandlungen bei jedem einzelnen Stamme besonders an die eigenthümlichen Sitten und Gebräuche desselben anlehnen. Da ferner das Amt des Opferpriesters als das weniger heilige betrachtet wurde, so müssen wir annehmen, dafs jene Opferhandlungen nicht ausschliefslich in der Berechtigung der Priesterkaste lagen. Aus diesem Umstande erklärt sich auch, dafs der Opferpriester die Opferverse mit gesenkter Stimme hermurmelte, eine Ei-

---

[160]) Ein neuerer indischer Litteraturhistoriker, Madhusûdana Sarasvati in der Prasthânabbeda (Ind. Stud. I. 1 f.) nennt als die vier Nebenglieder (upâṅga) des Veda die Purâṇa's, die Nyâya, die Mîmânsâ und die Rechtsbücher; in den Purâṇa's seien die Upapurâṇa's, in der Nyâya die Vaiçeshika, in der Mîmânsâ das Lehrbuch der Vedânta einbegriffen; in den Gesetzbüchern die Sânkhya, die Lehre des Patañjali, die der Pâçupata's und die der Vaishṇava's. Merkwürdig ist, dafs Madhus. wohl die Kalpasûtra, nicht aber die Gṛhya- und Sâmayâcârika-Sûtra anführt; die Gesetzbücher haben die Smârta-Sûtra offenbar vollständig verdrängt. Ueber Kapila s. die Zusätze.

genthümlichkeit, die sich bei allen häuslichen Ceremonien (grihya), welche von den Mitgliedern der drei ersten Kasten gemeinsam verrichtet wurden, wiederfindet. Wenn diese Sitte ursprünglich durch die Heiligkeit der Handlung bedingt wurde, so diente dieselbe später, als die einzelnen Funktionen verschiedenen Priestern zugetheilt wurden, als unterscheidendes Merkmal zwischen den Opferpriestern (âdhvaryu) einerseits, dem Opfersänger (udgâtri) und dem Priester, der die Opfergebete recitirte (hotri) andrerseits. Die Opfergebete bestanden aus den vedischen Hymnen, und es war von besonderer Wichtigkeit, daß dieselben möglichst genau nach den Regeln der Aussprache und des Wohlklanges vorgetragen wurden. Das Amt des Vorbeters erforderte also ein eingehendes Studium der Sprache, sowie des Inhaltes der heiligen Hymnen (Müll. Hist. 473). Der Vorbeter mußte nicht nur die sämmtlichen, seinem Stamme angehörenden Hymnen kennen, sondern auch die Regeln über die Aussprache (çikshâ), über die Worterklärung (nirukti) und über die Anwendung der einzelnen Hymnen bei den Opfern. Der Vorbeter war der eigentlich gelehrte Priester. Die Kenntnisse, deren er bedurfte, waren ursprünglich in den an die Hymnensammlungen (Rigvedaçâkhâ) sich anschließenden theologischen Schriften (brâhmana) vereinigt, wurden dann in besonderen Werken, welche je über Aussprache, Worterklärung, Grammatik, Exegese (mîmânsâ), Götterlehre u. s. w. handelten, bearbeitet.

Die Vorbeter bedurften keines besonderen Gebetbuches, da die Hymnen in ihrer ursprünglichen Fassung, nicht aber in einer besonderen, dem Opfer angepaßten Form recitirt wurden. Die Hymnensammlungen wurden also nicht mit Rücksicht auf den praktischen Gebrauch abgefaßt; sie werden nur uneigentlich als der dem Vorbeter (hotri) angehörige Veda bezeichnet. Gleichwohl mußte sich das Bedürfniß, den Wortlaut der Hymnen festzustellen, sehr bald geltend machen und es ist natürlich, daß gerade die Vorbeter ein besonderes Interesse an solchen Sammlungen hatten,

deren anfangs ohne Zweifel jeder Stamm (çâkhâ) seine
eigene besaſs. Die Hymnensammlung, welche uns in
dem Ṛigveda vorliegt, ist eine Vereinigung verschiedener (10?) Hymnenkreise (maṇḍala); ihre Redaktion wird
in die Blüthezeit der Reiche der Kuru-Pañcâla und Ko-
çala-Videha gesetzt (Web. Vorl. 39). Aber auch dieses
Werk liegt uns nicht in einer abstrakten, allgemein gül-
tigen Form, sondern in der Rezension einer besonderen
Schule, der Çâkalaka, vor, deren geographische Verbrei-
tung wir nicht genau kennen [191]), welche aber auf dem
Gebiete des dem Vorbeter eigenthümlichen Wissens einen überwiegenden Einfluſs geübt haben muſs, da ihre
Hymnensammlung alle anderen in Vergessenheit gebracht
hat. Eine vierte Klasse von Priestern (die Brahman's)
stand neben und über der der Vorbeter (hotṛi), der Sänger (udgâtṛi) und der Opferer (âdhvaryu); es waren die
Aufseher, welche darüber zu wachen hatten, daſs die einzelnen Priester keinen Fehler begingen und welche folglich in ihrer Person das gesammte Wissen der drei Klassen (trayîvidyâ) vereinigen muſsten. Das Ansehen dieser
vierten Klasse, welche an dem Opfer keinen thätigen An-
theil nahm, datirt ohne Zweifel aus den ältesten Zeiten;
ihr Amt war eigentlich das ursprüngliche, das des Vor-
stehers (purohita), von welchem die Ausübung der einzelnen Funktionen abgetrennt worden. Die Brahman's waren die eigentlichen Vertreter der Priesterkaste, die Vor-
kämpfer für den Einfluſs ihres Standes. Wenn ihnen aber
die Kenntniſs der einzelnen Theile der Dreivedawissen-
schaft mit den übrigen Priesterklassen gemeinsam war, so
zeichneten sie sich aus durch das spekulative, auf die höchsten Zwecke der Menschheit gerichtete Wissen. Die Anfänge dieser Spekulationen zeigen sich bereits in den Theilen der theologischen Schriften (brâhmaṇa), welche als
„Vedânta, Ende, Ziel des Veda“ (s. p. 75. Mads. Ind.

---

[191]) Web. Vorl. 32: „Der Name der Çâkalaka steht offenbar in Bezug
zu Çâkalya. — Sein Name scheint uns nach dem Nordwesten zu führen."
Diese Angabe ist aber doch sehr unbestimmt. Müll. Hist. 118, 868.

Stud. I. 16) bezeichnet werden; speziell in den Waldtheilen (Âraṇyaka) und den Upanishad's. Allerdings finden wir solche spekulative Werke innerhalb der einem jeden der drei Veda angehörenden Litteraturkreise [182]). Die Brahman's aber, welche ja aufserhalb der engeren Kreise der einzelnen Veda standen, behaupteten vorzugsweise im Besitze der orthodoxen Theosophie zu sein; je einflufsreicher ihre Stellung war, je mehr es ihnen gelang, die übrigen Priesterkasten in Abhängigkeit zu bringen, um so exclusiver wurde ihre Heilslehre, um so eifriger waren sie bestrebt, entgegenstehende Ansichten als heterodox aus dem Kreise der heiligen Wissenschaft zu verdrängen. Es ist nicht unwahrscheinlich, dafs die Scheidung des Amtes des Opfervorstehers (purohita) von dem des Vorbeters (hotṛi) erst verhältnifsmäfsig spät erfolgte; diese Annahme würde den engen Zusammenhang zwischen den Spekulationen der Ṛigveda-Priester und denen der Brahman's erklären; Thatsache ist, dafs die idealistischen Philosopheme vorzugsweise in den Kreisen dieser beiden Priesterklassen ausgebildet wurden.

Es ist bis jetzt noch eine offene Frage, ob die Auffassung des Brâhma als reiner Geist, wie sie sich in der Vedânta-Philosophie zeigt, früher ist als die des Brahmá als Weltschöpfer; da aber das Gesetzbuch der Mânava's, dessen vorliegende Redaktion unter spezifisch priesterlichem Einflusse erfolgt ist, jene Auffassung des Brâhma nicht kennt, die offenbar späteren Zusätze dagegen die Weltschöpfung durch den Brahmá (prajâpati) besonders betonen, so bin ich geneigt, diese Ansicht für die ältere zu halten [183]). Der Vorstellung des Brahmá (Prajâpati) sind wir bis jetzt nur in streng priesterlichen Kreisen begegnet; in der vorliegenden Redaktion des Gesetzbuches wird dieselbe zu dem

---

[182]) Auf den eigenthümlichen Charakter der dem Yajurveda angehörenden Theile habe ich oben aufmerksam gemacht.

[183]) Dafs die überwiegend materialistische Auffassung des Brâhma als eines Elementes (als Sonne? p. 85) älter ist als die beiden obengenannten kann wohl keinem Zweifel unterliegen.

offen ausgesprochenen Zwecke benutzt, die Oberherrschaft
der Priesterkaste als auf göttlicher Einrichtung begründet
darzustellen. Diese Vorstellung, welche irrthümlich als mit
der Emanationslehre zusammenhängend aufgefaſst worden
ist, trägt einen rein symbolischen Charakter und entbehrt
jeder tieferen Begründung. Brahmá (Prajâpati), heiſst es,
habe aus seinem Munde die Priester, aus seinen Armen
die Krieger, aus seinen Schenkeln die Vaiçya, aus seinen
Füſsen die Çûdra gebildet (I. 31); mit direkter Beziehung
auf ihren Ursprung werden in der Folge die Stellung und
die Pflichten der verschiedenen Kasten angegeben; Manu,
der Sohn des Svayambhû habe dieses Gesetzbuch abge-
faſst, um die Pflichten der vier Kasten zu sondern (ib. 87
bis 102). Noch ehe wir von der Erschaffung der Wesen
etwas gehört haben, heiſst es bereits: „er bestimmte nach
den Worten des Veda die Namen, die Handlungen und
die Lebensweise aller Wesen (I. 21). Die drei Veda ferner preiſste er (melkte er) aus dem Feuer, der Luft und
der Sonne" (I. 22). Mit dieser rein mechanischen Welt-
schöpfungstheorie sind ferner alte kosmogonische Ideen in
wunderlicher Entstellung verbunden. So die Vorstellung
von dem Weltei (I. 8—13) [184]. Der Grundgedanke der
hierher gehörigen Anschauungen ist aber ein von dem der
Emanationslehre durchaus verschiedener; dieser zufolge entfaltet sich die Welt (das Grobe) aus dem göttlichen, vollkommenen (feinsten) Urgrunde; in jener aber findet eine
stufenweise fortschreitende Entwicklung des göttlichen Prinzips statt [185]. Mehrere von jenen Vorstellungen finden
sich bereits in den Hymnen des Ṛigveda [186]), aber in ein-
facherer Weise, während die Auffassung des Gesetzbuches
(ebenso die Lehre von den vier Weltaltern) vielmehr mit der
in den Purâṇa's herrschenden Auffassung übereinstimmt.

---

[184]) Es ist hier der Versuch gemacht, den aus dem Ei geborenen Brahmá
(hiraṇyagarbha) mit dem purusha der Sânkhya zu identifiziren.
[185]) svayambhû — brahmá (purusha) — virâj — manu u. s. w. Vgl.
Brandis Gesch. d. griech. Phil. 1. 70. 73 f.
[186]) So die Schöpfung aus dem Weltei s. Ṛigv. X. 129, 121; zu Virâj
cf. Col. Ess. p. 38, 104.

Ich muſs an dieser Stelle auf ein näheres Eingehen
auf diese Zusätze verzichten; das Gesagte, denke ich, wird
genügen, den Geist zu charakterisiren, welcher die vorliegende Redaktion des Gesetzbuches leitete.

Indem die Brâhmanen das Gesetz der Mânava's als
ein allgemein gültiges verkündeten, legten sie Zeugniſs für
den Einfluſs ab, welchen sich jene Institutionen verschafft
hatten; sie benutzten die Auktorität, welche jene Schule besaſs, um unter dem Namen derselben ein kirchliches und staat-
liches System aufzustellen, welches ihren Idealen entsprach,
indem sie zugleich den historischen Zusammenhang zwischen dem Gesetzbuche und der Schule der Mânava's durch
direkte Beziehung auf den Urvater Manu aufhoben [187]). Unsere Aufgabe ist es, diesen historischen Zusammenhang wie-
derherzustellen, da es nur auf diesem Wege möglich sein
wird, ein klares Bild des älteren indischen Lebens zu erhalten. In demselben Geiste, in welchem die Ueberarbeitung
des Mânava-Gesetzbuches erfolgte, wurden die älteren epischen Dichtungen verfälscht und mit Anschauungen versetzt,
welche den ursprünglichen Kern unkenntlich machen sollten. Alle diese Entstellungen abzutrennen, ist eine weitläufige und schwierige, aber keineswegs unmögliche Aufgabe,
wenn wir uns nur eine klare Vorstellung von der indischen
Entwicklung machen.

---

[187]) Ueber die Umgestaltungen, welche der Kern des Gesetzbuches, d. h.
der den Werken über die häuslichen Ceremonien und über die Rechtspflege
(grihya - und sâmayâcârika - sûtra) entnommene Stoff unter den Händen der
Brâhmanen erlitt, können wir nicht urtheilen, solange nicht die ursprünglichen
oder wenigstens die den älteren nahe verwandten Werke wieder aufgefunden
oder zugänglich gemacht sein werden.

Berichtigungen und Zusätze.

8. 2 L. 4 v. u. kâryaṃ. — 2, 1 v. u. ..jâtaṃ. — 3, 2 v. u. ..dvi-
tiyam. — 4, 10 sâṅkhyâ. — 5, 3 s. Ind. Stud. I. 431—432. Hall. pref.
of Sânkhy. Prava. p. 18. — 5, 19 philosophischen. — 5, 28 prakṛitim. —
7, 5 v. u. saṃsthite. — 7, 4 v. u. saṃsthitam. — 9, 6 v. u. Auflösungen.
— 9, 3 v. u. Auflösung. — 10, 3 ergänzte. — 10, 10 svayambhûrbhaga-
vân. — 10, 18 prakâçayan. — 10, 8 v. u. ..sâmarthyaṃ. — 11, 3 aufser.
— 12, 14 streiche: der. — 15, 1 1. und 12. Buche. — 15, 7 v. u. ..khyâ-
tirbâdhâ.. — 16, 10 ..âdyaṃ kâryaṃ. — 16, 15 ..vyâpakatvânmahaiçva..
— 16, 28 sondern. — 16, 36 hurvâsudevâkhyaṃ cittaṃ. — 16, 34 ..bud-
dhirbuddherâ.. — 16, 5 v. u. hiraṇyagarbha. — 17, 16 ahamityabhi —
18, 1. L. ..sargânandàçca. — 21. 15 saṃyuktam. — 21, 16 saṃsarati. —
22. 22 späteren. — 24, 8 v. u. saṃyojye.. — 25, 4 âtma.. — 26 n. 26
s. Humb. Ueb. d. Bhg. p. 25, 28. — 27, 34 das Kaiv. — 27, 36 s. Kap.
I. 47 die Polemik gegen die Nâstika's, die die Çûnyatâ als Ziel des purusha
hinstellen. — 28, 19 aus dem. — 30, 8 v. u. Yâjn. — 32. 6 Allheit. —
36, 8 s. noch M. XI. 11 kâyagatam brahma. — 37, 18 v. u. Andacht. —
43, 4 v. u. 27 (Ueb. die Naksh.-Verehrung s. Web. Die Ved. Nachr. von
den Naksh. II. 320). — 53, 11 Eine grofse Zahl solcher Gleichnisse findet
sich in dem ganzen Werke zerstreut. — 63, 15 v. u. s. M. XI. 84. — 63,
8 v. u. ziemlich. — 64, 22 Es ist ein Irrthum, wenn Müller Hist. p. 83
schreibt: „But while Kapila, the founder of the Sânkhya school, conformed
to the Brahmanic test by openly proclaiming the authority of revelation as
paramount to reasoning and experience"; âptopadeça ist doch nicht identisch
mit çruti. — 69, 15 s. Müll. Hist. p. 170. — 72, 8 v. u. der urspr. — 72,
11 v. u. Zur Erklärung aller von √bṛih abgeleiteten Worte bṛih, bṛihaspati,
brâhman, brahmaṇaspati, brahmâ reicht der Begriff des „Anstrengen, mit Anstrengung bewegen" (Roth) nicht aus. Es widerstrebt an sich allen Analo-
gien, einer Wurzel eine solche abstrakte Bedeutung als ursprüngliche bei-
zulegen. √bṛih (wohl nur eine schwächere Form von √vṛidh) bedeutet: ver-
mehren, wachsen; der Begriff der Anstrengung liegt eben in der treibenden
Kraft. Es ist bekannt, wie vielfach und dringend im Rigv. das Gebet um
Wachsthum der Felder, Vermehrung der Heerden, Nachkommenschaft u. s. w.
ist. So ist bṛih die Vermehrung, bṛihaspati Herr der Vermehrung, des
Wachsthums, brâhman das Wachsthum, die schöpferische Naturkraft. Indem
nun das Gebet an die Götter die Vermehrung der Heerden u. s. w. bewirkt,
wird das Mittel der Vermehrung selbst wiederum als mehrende Kraft betrachtet, der Beter (brahmâ) als Vermehrer; bṛihaspati, brahmaṇaspati als Herr
der Vermehrung und der Beter, brâhman als Wachsthum und als das — das

Wachsthum hervorbringende — Gebet. In diesem Sinne endlich wird auch der Veda als Bráhma bezeichnet. Die Bedeutung „Gebet, Beter" ist also die sekundäre. Die Rede (vâc) als Mittel des Gebetes wird ebenfalls als schöpferische Macht personifizirt und tritt als Beiname des Gottes der Vermehrung (bṛihaspati) auf: vâcaspati; ebenso sarasvatî, ilâ (iḍâ). Die beginnende Spekulation sucht die dem Wachsthum zu Grunde liegende Kraft zu erfassen: daher bráhma = Sonne, feuriger Aether (wie im Manu s. oben p. 36) als Weltsubstanz. Der aus dem Ei geborene Gott (brahmâ hiraṇya-garbha) ist wiederum nichts Anderes als eine Personifikation der dem elementaren Sein innewohnenden, schöpferischen Naturkraft. In der Vedânta-Philosophie endlich wird die Ursubstanz (bráhma) als reiner Geist (caitanyam) aufgefasst. Die von Roth, Brahma und die Brahm. aufgestellte Erklärung hat das sehr Bedenkliche, dafs sie der Sprache des ṚV. eine Abstraktion zuschreibt, welche mit den übrigen vedischen Anschauungen in grellem Widerspruche steht (Lass. Ind. Alt. I. 766) und den anschaulichen Zusammenhang mit den weniger abstrakten Bedeutungen des Wortes in der späteren Litteratur aufhebt. S. West. Zwei Abh. p. 11, 19. — 74, 22 was die Existenz Yâska's vor der Zeit der vorliegenden Redaktion nicht ausschliefst. — 74 n. 110 vgl. Poley d. heiligen Schriften p. 145. — 75, 16 Âraṇyakam. — 76, 14 u. 77, 1 Purâṇa's. — 77, 5 Âraṇyaka's. — 80, 10 v. u. vgl. M. IX. 322. — 80, 6 v. u. s. Lass. Ind. Alt. I. 596. — 81, 10 vorzüglichem. — 91, 4 Buddhaghosa. — 92, 6 u. 10 Gandharva. Dafs die Erwähnung Brahman's absichtlich sei, wie Köppen Gesch. des Buddh. I. 249, 256 behauptet, sehe ich nicht. — 95, 10 Dafs die Erwähnung der cîna M. X. 44 nicht beweist, dafs das vorliegende Werk nach 246 v. Chr., dem Jahre, in welchem die Dynastie der Tsin auf den chinesischen Thron stieg (s. Rémusat, Nouv. Méla. Asiat. II. 334), folgt aus der Angabe: „It has been pointed out therefore, that the dynasty of the Tsin, before its accession to the imperial throne, had been reigning for 600 years in the province of Tsin (now Shensi), in that part of China which was the most likely to be first visited by travellers either from India or from Babylon" bei M. Müller Ṛigv. IV. pref. 51. Wir haben also gar nicht nöthig, eine spätere Interpolation anzunehmen. — 96, 5 v. u. Da die Sekten wiederum auf den Sânkhya-Systemen fufsen, so erscheint der Sieg des Brâhmanismus um so problematischer. — 97, 19 Vgl. Web. Ind. Stud. V. 69. — 103, 9 die Stellung. — 104, 10 Dafs brâhmaṇa von brahmán (Beter) abzuleiten ist und nicht von bráhman (West. Zwei Abh. p. 57), siehe bei M. Müll. Ṛigv. IV. pref. VI. n. — 106, 23 S. West. l. c. 64; Müll. Hist. 200, 208. — 114, 14 Die behaupteten Beziehungen der Sânkhya erklären sich zugleich und erhalten ihre Bestätigung durch die scheinbar so räthselhaften Angaben der indischen Werke über die Person und das Leben des angeblichen Gründers der Sânkhya-Philosophie. Alle diese Mythen — s. Hall. pref. zu den Sûtra des Kapila und Web. Ind. Stud. I. 430 f. — beruhen auf der Identifizirung der Person des Kapila mit seiner Lehre; die einzelnen Ansichten über die Entstehung und Ausbildung der Lehre werden in mythische Erzählungen der Herkunft und der Schicksale Kapila's umgesetzt. So wird Kapila als „magna universalis anima seu prima entis emanatio intellectiva" (mahat = mahânâtmâ) aufgefafst, dann als hiraṇyagarbha, nämlich als der aus dem Weltei geborene purusha wie M. I. 10 (Ind. Stud. I. 430); ferner das Verhältnifs des purusha und der prakṛti auf das der Sonne und der Erde zurückgeführt; daher Kapila als „igneous principle" (Hall. l. c. p. 18); ferner nach sektarischer Auffassung als Verkörperung des Vishṇu, als Vâsudeva, als Kṛishṇa u. s. w. Buddha ferner wird in Kapilavastu geboren, eine Angabe, welche eben weiter nichts besagt, als dafs die Lehre Buddha's aus der Sânkhya hervorgegangen ist (Ind. Stud. I. 435). Aus der Lage der Stadt

...apilavastu müssen wir ferner schliefsen, dafs die Sânkhya-Lehre erst im Osten Madhyadeça's die Form und Ausbildung erhalten hat, in welcher sie als Lehre des Kapila in den Sûtra's vorliegt. Eine eingehendere Betrachtung der desfallsigen Angaben gehört in die Geschichte der Sânkhya. — 116, 2 Der Umstand, dafs partielle Hymnensammlungen bei den einzelnen Stämmen (Schulen) den umfassenderen vorangegangen sein müssen, ist bei der Frage nach dem Entstehen des Rigveda nicht genug beachtet worden. Daraus erklärt sich vor Allem die Verschiedenheit in den mythologischen Vorstellungen besser als aus dem Mangel an plastischer Gestaltungskraft. Solange überhaupt das Bewufstsein vorhanden war, dafs Agni das Heerdfeuer ist, konnte eine feste, sinnliche Vorstellung von dem Gotte nicht Platz greifen. S. Bréal, Hercule et Cacus, Paris 1863 p. 9 f., 13. Köpp. Buddh. p. 7. Erwägt man, dafs die Hymnendichtung ebenso wie die Zusammenstellung der Brâhmaṇa's bei allen indischen Stämmen zu gleicher Zeit Statt fand, so wird man eingestehen müssen, dafs die 400 Jahre, welche M. Müller der Chandas- und Mantra-Periode und die 200 Jahre, welche er der Brâhmaṇa-Periode zutheilt, vollständig hingereicht haben, um die uns bekannten Werke zu schaffen (cf. Müll. Rigv. IV. pref. die der entgegengesetzten Ansicht zuneigenden Urtheile der Wilson, Barthélemy Saint-Hilaire, Whitney).

Inhalt.

1. Abschnitt. Voraussetzungen des Systems. Genius und Natur S. 1—11

2. „ Entwicklung der Grundstoffe . . . . 11—19

3. „ Die elementare Schöpfung . . . . 20—31

4. „ Die Lehre von der Seelenwanderung und die drei
Qualitäten . . . . 31—53

5. „ Erkenntnifs und Befreiung . . . . 53—62

6. „ Die Lehre von den drei Mitteln der richtigen Erkenntnifs . . . . 62—67

7. „ Das Mânava-Gesetzbuch und die philosophischen
Sûtra's . . . . 68—78

8. „ Das Verhältnifs des Gesetzbuches zu der philosophischen Betrachtung überhaupt . . . . . 78—82

9. „ Ueber die Zeit der Abfassung des Gesetzbuches
und über die Stellung desselben zum Buddhismus (Dhammapadam) . . . . 82—96

10. „ Die Quellen des Mânava-Gesetzbuches . . . 97—119

Berichtigungen und Zusätze . . . . 120—122

www.ingramcontent.com/pod-product-compliance
Lightning Source LLC
Chambersburg PA
CBHW031439280326
41927CB00038B/1125